CITTA LIFE

チッタライフ

time, space & ______.

青木 千草

内外出版社

（ジンバブエ／アフリカ）

（シャウエン／モロッコ）

グッゲンハイム美術館（ビルバオ／スペイン）

DDP 東大門デザインプラザ（ソウル／韓国）

はじめに

時間と空間とエネルギーを身につけること。


「時間と空間を自分の思うようにできたら最強だと思いませんか？」

数年前、お片付け講師をしている友人に目をキラキラさせながら言われたんです。

それから、今まで以上に時間と空間との両方をとても意識するようになりました。


人は目に見えていない物からエネルギーを受け取っています。

ごちゃごちゃと物が散在している自分の机は勉強する気になれないけど、図書館やカフェに行ったらとたんに集中力が増すっていう経験はありますよね。

思考って物に反射するので、物が多い場所では思考があちこちに飛んでしまうのです。何もないホテルや天井の高いカフェで考えごとをするのは理論的に正解と言えるでしょう。

私は、**「書いたら叶う！」**と言われている「CITTA《チッタ》手帳」という手帳の考案者です。発売して11年。累計37万部の大人気手帳となり、ロフトやハンズには必ず並ぶ定番の手帳となりました。

手帳は本来、時間を管理するもの。

でも私は「こんな人生じゃ嫌だ！」と真剣に自分を変えるコミットをしたときから手帳の使い方を変えました。つまり**「自分のエネルギーが上がる使い方」**に変えたのです。

「CITTA手帳」には、自分をご機嫌にするためのワクワクリストが毎月ついています。やりたいことを何でも書いていいリストなので、最初はみんなここに物欲を書きます。ブランドバッグが欲しい。お洋服をお店の端から端まで買う……とかね。いろいろと俗っぽいリストが出てくるんです。

そして、ひと通り書いて叶ったら次の段階に行くはず。

「あれ、本当は私、何をしたいのだろう？」

本当に心の底から願っていること……人は、それが何かを知りたくなります。

自分の本当の姿に戻りたいと多くの人が望んでいると思います。


私は、20年間のヨガ歴があり、思考をヨガにすること、生活をヨガにすることを心掛けてきました。たとえば……、

- **自分を愛すること**
- **自分に嘘をつかないこと**
- **執着をしないこと**
- **今を生きること**
- **人も持ち物もシンプルにすること**

こんな感じです。

これをしているだけなのですが、不思議とビジネスもうまくいくようになり、自分のやりたいことがスルスルと叶うようになってきました。

人生の幸福度がとても高くなり、自分も家族も周りの人のことも、とても大切にできるようになってきました。


そんな私も気がつけば46歳。日本女性の平均寿命が87歳なので、人生でいうと折り返し地点を過ぎたところです。

そして人生の残り時間を考えるようになってきました。

人生で自分を大切にしなくていい時間なんで1秒もありません。

人生の後半を上手に楽しく生きるためにも、皆様に私のヨガ的な生活、つまり千草流の「ＣＩＴＴＡ　ＬＩＦＥ」をお届けできたら幸いです。

青木千草

目次

第2章

食事は五感で味わう

Chigusa Philosophy

第3章 感性を磨く旅に出る

CITTA的運気を上げる7つの習慣

第4章

オーラを身にまとう

Chigusa Philosophy

第5章 女性はいつだって美しい

Chigusa Philosophy

［対談］美容家　福井美余さん×青木千草

第1章

カラダを整える

Chigusa Philosophy

自分の思考がカラダに表れる

あなたは慢性的に肩こりや腰痛を抱えていませんか？

「朝起きてカラダのどこも痛くないことが健康である」

と私のヨガの師匠がよく言っていました。

もちろん立ちっぱなしの仕事、座りっぱなしの仕事など、長時間の仕事によってカラダに不調が起こることは多いのですが、実は自分の思考も、とてもカラダに影響を与えているのです。


「肩が凝る人は、人からどう見られるかを気にしている人。

腰が痛い人は、本当のことを言えない人、NOと言えない人」

そう師匠に聞いて「そんなまさか！」と私も初めは思いました。

ところが、よくよく生徒さんを見ると、これは割と当たっています。

現代人の多くの人が毎日カラダのどこかに不調を感じていると思います。

営業職や教師業、看護師など緊張の多い仕事の場合は特にそうです。気がつかないうちに日常のストレスがカラダに表れているのです。

かくいう私も手帳の講座が続く翌日は、背中がバキバキにこり固まって疲れていることがあります。無意識に緊張しているのですね。頑張り屋さんに多い傾向です。


私は長年、ヨガの指導をしているので、スタジオに来てくださる生徒の〝ダウンドッグ〟というポーズを見るだけで、その人の思考の特性が、だんだんわかるようになってきました。

夜のレッスンでは特に仕事帰りのＯＬさんが多いのでポーズを見ていると、

「あ、この人頑張り屋さんだな」
「ああ、この人は見栄っ張り」
「この人は我慢強いな」

そんなことがカラダを通して伝わってくるのです。
ただ前屈が硬いから硬いと言っているわけではなく、私の言う〝カラダが硬い〟は、表面的なカラダの硬さではありません。

心の固さがカラダに出るのです。

これは私調べですが、大体100人に1人くらいの割合で、まれにとてもセンスのある子がいます。初めてヨガをするというのに、ヘッドスタンド（頭で立つポーズ）を楽々とやってのけたり、腕を上げる挙上のポーズでまったく肩に力が入らずにやれたりする子です。こういう子は、決まって〝末っ子タイプ〟の人が多いですね。

そういう子はとても純粋で、人と自分を比べないタイプが多く、まるで赤ちゃんのような関節をしています。

逆に「他人に対して自分がどう映っているのか?」を気にするような〝長女タイプ〟の人ほどガードが堅くなります。特に周りの期待に応えねば……と常に頑張ってきた長女の場合が多く、「人に甘えてはいけない!」と心のブロックも強くなってカラダもこわばっている人が多く見受けられます。

大事なことは、自分はこれでいいと許すこと、です。

「自分が太っていても、カラダが硬くても、それでもいい。それも私」と許可を出すこと。何か条件を付けて好きになるのではなく、

今の自分のカラダのままを愛してあげることが大切です。

だって、たとえカラダが硬くても、太っていても、自分のカラダの代わりはないのですから。唯一無二の自分のカラダです。

多くの女性が自分にコンプレックスがあり、自分のカラダを好きじゃない人が多いですよね。ですが、間違っても自分の腹のお肉をつまんで恨めしそうにしないこと。あっちだって何も好きでくっついているわけはなく、あなたの食べたものがカラダになるだけ。あなたの体内の細胞にも想いが伝わってしまいます。


自分のカラダをつまんで忌み嫌うのではなく可愛がってあげましょう。たとえば今日からできる具体的な方法として、お風呂に入るときに自分のカラダを、

「今日もよく頑張ったね」

と言いながら、よしよしと撫《な》でてあげてほしいのです。毎日です。

それが本当に大事。自分のカラダを愛せるようになりますよ。

魅力的で健康な女性というのは、自分が大好きな人です。そういう人は精神的にも健康だからエネルギーが高いし、自然と痩《や》せ体質になるのです。

まずはカラダをいたわること……そこからやっていきましょう。


自分を大事にするということは、自分のカラダを大事にする……ということが大前提です。

最近、仕事をやりすぎていないですか？

睡眠不足じゃないですか？

もっと休んでいいし、もっとワガママでいいのです。

あなたが休んでも会社はなんとかなります。心がパンパンで叫びそうになっていたら、自分を守るために勇気を出して休んでくださいね。

1日のうちカラダに対して何分気を遣っていますか？

こう聞かれると「全然やってない」と答える人がいるかもしれません。

毎日忙しいのだからしょうがない、と。

それもすごく良くわかります。でも、何もしなくても30代の頃は、なんとかキープしていた体形も、40代になってからは、まったく言うことを聞かない！

以前はスルッと痩せられたのに今は全然、無理なんだけど～（汗）。

なんてことありますよね。

40代ならではの悩みです。どうしても**年齢と共に基礎代謝が落ちる**ので仕方のないことですが、カラダを気遣うことをしていきたいですよね。


私はいつも出張の際に、クルクルとヨガマットを丸めてスーツケースに入れて持っていきます。サイズ的に入らなければ折りたたんでも大丈夫なマットを忍ばせることもあります。

朝、ほんの10分でも**太陽礼拝**をするかしないかで体調が全然違うのです。

ヨガの代表的なポーズ太陽礼拝は、元々は太陽神に感謝をするために生まれたものです。**12のポーズ**を連続して行うことで代謝が上がり、呼吸の数を減らすことで、セロトニンが分泌されリラックス効果が高い運動と言えます。

また知らない土地に泊まりに行けば、よく近所を散歩するようにしています。好奇心が旺盛なので、

「あ、こんなところにカフェがある〜」

「可愛いお店！　後で行こう」

とワクワクしながら歩いていると30分があっという間。

散歩は誰でもできる自分のカラダひとつで手軽にできる運動としておススメです。

私の周りの素晴らしい経営者は、大体トライアスロン、マラソン、ロードバイクなど、カラダを動かすことにチャレンジしている方が多いです。

私も趣味ですが、40代からはロードバイクに乗り始めました。私の住んでいる滋賀県は琵琶湖があるので、湖岸をロードバイクで走る愛好家がとても多いのです。40代から運動なんて、とてもできない。今までだってろくに運動してこなかったのに今さら……と思いますよね。とてもよくわかります。

でも、**年を重ねたからこそ運動にチャレンジする人**って多いのですよ。

もちろん、リアルにカラダが動かなくなってきて、医者に言われてコレステロール値の危機感を抱きながら仕方なく運動を行う人もいます。でも、それよりも何よりも、私の友人はこう言いました。

「僕は30代まで、ずっと文科系の趣味しかしてこなかったし、運動なんか大嫌いだったんだ。自分の人生でトライアスロンすることなんか絶対ないって思っていた。けれど、死ぬときに後悔したくないから。自分の人生でいちばん避けてきたことにチャレンジしたいって思ったんだ。そうしたら怖いものがなくなると思うから」

カッコいいですよね！　これですよ、これ！

忙しいビジネスパーソンが、なぜトライアスロン大会に出るのか？　それは、自分の限界を超えるためです。今までの常識や概念をぶち破り、常に自分と向き合うことができる。そんなメリットがあるのではないかなと思います。

私たらのような、か弱い女子が、急にトライアスリートにならなくてもよいと思うのですが、たとえば毎日15分の散歩をしてみるとか、エスカレーターがあっても なるべく階段を使うとか、**毎日のどこかに新しい運動習慣**を身につけることはそんなに難しくありません。

1日のなかで、1分もカラダに対してケアをしている時間がないのだとしたら、今が変えるチャンスです。**1日のうちのほんの15分**。自分に目を向ける時間があってもいいのではないでしょうか。

「わかっているのだけどなかなか続かないのよね～」と嘆いた、あなた。大丈夫です。持続しないのは、やる時間を決めていないからです。

持続のコツは、**時間、空間、仲間**です。

◎毎週水曜日の19時から（時間を決めて）
◎○○フィットネスジムに行く（空間を決めて）
◎そこで友達になった人と運動する（仲間がいる）

これが、いちばん継続できるパターンです。

環境を変えたり、会えば話せる仲間がいたりすることが、とても大きな要因になります。ぜひ環境を変え、同じ目的意識がある仲間と一緒に時間を過ごしてみてください ね。

運動系のコミュニティに入るのも手です。

1人で頑張ろうとせず、仲間の力をかりて一緒にやってみましょう。

瞑想をしている人が上手くいく理由

「カラダというのは魂の入れ物である」

そんな話を聞いたことがありますか。中身の魂はもちろん大事ですが、肝心な入れ物（カラダ）がひ弱だったり、壊れやすいようだったりすれば、魂を入れておくのにヒヤヒヤしませんか。

まずは、カラダを動かすことが魂を健全にし、心を守ることにもつながるのです。

「心身一如」という言葉があります。仏教の考えを表す言葉です。

「カラダと心は一体であり、わけることができず、ひとつのものである」

実は心身一如は、もとは**「身心一如」**と言われたのが始まりです。つまり心より先にカラダがあるという考え。ここでもヨガの考えとつながりますよね。

よく「**カラダは捕まえることができるけれども、心を捕まえておくことはできない**」とヨガの師匠に言われたことを思い出します。だからこそ、まずはカラダを整えることが本当に心を整えることにつながりますね。

昨今、「心を整えると集中力が上がる」と**瞑想**が数年前からブームになりました。

2007年からグーグル社も社員に瞑想を取り入て結果を出している経営者も瞑想をしている方が多いのは、効果を実感しているからですね。

ただ、この瞑想にいきなり座るのではなくて、20分程度のちょっとした軽運動をしてから座るほうが断然集中して座りやすくなります。

瞑想をしている人は、話すだけですぐわかります。

穏やかで心がゆったりとしていますよね。

瞑想の効果を挙げると、

- **思考がクリアになる**
- **瞬時に判断ができるようになる**
- **引き寄せが強くなる**
- **迷わなくなる**
- **睡眠の質が上がる**

などたくさんあります。

個人的には、瞑想の効果は自分の毎日の状態を知れることだと思います。毎日同じ分数を座っても、毎日の体感具合は違います。

「あ、あのことまだ気になってるな」

「そっか。そうだわ！」

と気づきがあることが多々あります。心の声がまったく上がってこないときもありますし、ざわつくときもあります。自分を客観視できるので、感情に振り回されなくなってくるんですよね。

でも大事なことは、「今日はいい瞑想だった」「悪い瞑想だった」とジャッジしないこと。瞑想はあくまで自分を客観視したり、自分を見たりする行為ですから、良いだの悪いだの判断しなくていいのです。

ただそこにいるだけでいいのですよ。

「瞑想している人は引き寄せが上手くいく」とよく言われるのは、自分の心の状態を素直に認め受け入れることができるからだと思います。

「こんなことを思ってはダメだ！」とか「こうしなきゃ！」とか「心を空にしなきゃ！」もまったく考えなくていいのです。ただありのままを受け入れる。

心を過ぎた過去や、まだ起きてない未来に飛ばすのではなく、

「ただここにいる」

それだけでいいのです。

よく「何分すればいいのでしょうか？」という質問もいただきますが、何分でも心がここにあればいいのです。もちろん1分だっていい。

「時間がないので瞑想ができません」という声もいただきますが、本当に自分のために10分も使う時間はありませんか？

もし、それくらい何かに追われているような生活ならば、今すぐ改善する必要があります。スマホを10分間くらい見る時間はあるのですから、大事な自分に使うために10分間を使ってみませんか？

瞑想は難しくありません。

朝起きて、誰とも会話していないその前に、ただ胡坐《あぐら》をかいてみるだけ。

何分座るか気になる方は、携帯のアラームを使ってもいいです。

私のおススメは「**チャクラチャイム**」という無料のアプリで、ティンシャ（チベット仏教の仏具）の音を鳴らしています。良かったら使ってみてくださいね。

カラダが軽い人は心も軽い人

私が普段、意識していることに**「心を軽くしておく」**というのがあります。

昨日起こった嫌なことを翌日まで引きずっていると、心もカラダも重たくなりませんか。たとえばですが、旦那様と喧嘩した、職場の人に嫌味を言われる……など。毎日生きていると心がザワつくことも起きますよね。

心のホコリってね、毎日掃除しないと気がついたらとっても重たくなっていますよ。部屋のホコリ以上にです。

厄介《やっかい》なのが、自分でどれくらい積もっているかわからないので、気がついたら身動きが取れないくらい重くなっていて、家から一歩も出たくない。誰とも会いたくない。そんな気分にだってなることがあります。

そんなことになる前に、私のおススメは断トツで**「好きなことをすること!」**です。1日のうち、ほんの10分でも15分でもいいから没頭することが大事です。歌を歌う、楽器を弾《ひ》く、映画を観る、ライブに行く、美術館に行く、お気に入りのカフェに行く、1日中ブラブラ買い物する……。そんなことで良いのです。

シンプルですがいちばん自分に集中できます。このときに間違っても生産性のあることを考えないでおきましょう。

「何かのためにならない趣味」が最高です。私たちは真面目すぎて、時間を無駄に使いたくないので、遊ぶときすら「○○のためになるから」なんて大義名分が大好きです。もう一度言いますが、

何のためにも誰のためにもならなくて大丈夫!!

あなたの心が少しでも軽くなったら、もうそれはとっても価値のあることです。もしそれが少しでも、仕事に関係していたり、誰かのためであったりした場合、純粋に楽しむことができません。だから、頭を空っぽにしてとにかく楽しむ時間は、とても重要なのです。

ただ、パッと思いついたことをピッと行動するためには、これも軽やかなカラダ

が必須です。カラダのどこかが痛い状態だと、一歩目が面倒になってきます。

足が痛いだの腰が痛いだのでは、きっと何もしたくなくなります。


私はありがたいことに普段は健康体ですが、昔、一度だけ練習のしすぎで朝起きたとたんに腰をピキッといわせたことがあります。

もうカラダを起こすことができず、ベッドから転がって這い出たのを覚えています。目の前が真っ暗になった気分で、初めて腰痛の人の気持ちがわかりました。

思うようにカラダが動かないから、イライラもするし、悲しくなります。カラダが痛いと本当に何もしたくありません。

だからこそ、心を軽やかに保つために、日頃からカラダを動かし、軽やかにしておくというのは必須です。カラダが軽いと意思も決断もとても早くなりますよ。

カラダはあなたの唯一無二の大切な資産なのですから。

もっともっと大事にしていいのではないでしょうか。

私のモーニングルーティン

私の生活は20年していたヨガの影響がとても大きく、特に1日のエネルギーをチャージする朝の行為を大事にしています。

朝、いちばんにする行為が**「起きる」**こと。なので、もし自分の理想とする時間に起きられれば「それだけで自分を好きになれるじゃないか！」と気づいてからは、もっぱら朝型です。早起きはとてもシンプルだし、やろうと思えば明日からできる習慣ですからね。

多くの人は1日の仕事が終わり、家に帰って、ご飯を食べてからが「自分の時間」となると思うのですが、私の場合は**朝の4時から8時くらいまでが自分の時間**です。

ヨガ的にも、この太陽が昇る前の96分間が、「ブラフマ・ムフールタ」と言って、24時間中いちばん神聖な時間と言われていて、エネルギー高く1日を過ごすのに最適な時間帯なのです。

「ええ、朝の4時⁉　信じられない」

と言われたりもしますが、夜9時半から10時には寝ているので、たんに時差の2時間早い国に住んでいるだけと思えば、そんな偉業は達していないのですよ（笑）。たんに朝にくつろいでいるだけの人です。

ここで「起きてから何をしていますか？」もよく聞かれるのでご紹介しておきますね。あくまで私のルーティンなので本当に参考までに。

【千草的自分を整えるモーニングルーティン】

① トイレ（行ったついでにトイレ掃除も）

② 口腔ケア（※ガンドゥーシャ）

③ オイルマッサージ（※アビアンガ）

④ 常温の水をコップ1杯飲む

⑤ 白湯を飲む

⑥　シャワーを浴びる

⑦　ヨガの練習&瞑想

こんな感じです。

この後は、コミュニティの配信をしたり、インスタライブをしたり。終えると大体7時半頃です。そこからゆっくり朝ごはんの用意をして8時から食べています。

ガンドゥーシャとアビアンガは、アーユルヴェーダというインドの伝統医療の智慧。毎日行うと良い習慣と言われる**「ディナチャリア」（理想的な1日の過ごし方）**から習って行っています。

朝に行うディナチャリアだけでも、本来11以上の項目があり、大変奥が深いので、とてもここでは紹介しきれません。私が取り入れている項目だけ簡単にご説明します。もし、興味がありましたら自分でも調べてみてくださいね。

理想の1日を過ごす良き習慣「ディナチャリア」

アーユルヴェーダとは **〝生命の科学〟** とも言われ、病気を未然に防ぐ智慧です。ヨガの聖典を書いた人とアーユルヴェーダの経典を書いた人が同じとも言われているので、ヨガを長くしている人にとっては、アーユルヴェーダが避けて通れない必須のものになります。そのアーユルヴェーダの知識で、**1日を整えるための習慣をディナチャリア**と言います。

朝の習慣ディナチャリアのなかで、ぜひともおススメなのが、**「ガンドゥーシャ（口腔ケア）」と「アビアンガ（マッサージ）」**のオイルケアです。

オイルに抵抗があったり、「そう言われてもちょっとね」という方へ。私も気持ちがわかるので声を大にして言いたいことがあります。

ヨガにはヨガを学ぶ「ヨーガ・スートラ」という聖典がありますが、アーユルヴェーダにも**「チャラカサンヒター」**という古典書があります。そこにガンドゥーシャの効果効能についてこう書かれています。

「ごま油を口に含んでうがいすることにより、顎の力、声の力、顔がふくよかになり良い味の感覚を育て味覚も増進する。そのような人には、喉の渇きや唇のひび割れは起こらないし、歯は弱くならず歯茎は強くなる」

（「チャラカサンヒター総論5章」より）

これってすごくないですか⁉　要するに、歯周病や歯槽膿漏《しそうのうろう》、口臭予防まで歯の病気すべてを予防する効果があるのですよ。また、オイルを口に含んでため置くことで、**ほうれい線の予防**もできるのです。やらない手はありませんね。

このガンドゥーシャを30代の頃に聞いたときは「ふ〜ん」ぐらいだったのですが、自分が40代になって歯周病が気になりだしてからは、必ず毎朝しています。実際医学界でも、ガンドゥーシャをしている人としていない人との歯周病の発生率がまったく違うと研究結果でエビデンスが出ています。やっぱり人間は必要だと思わなくてはやりませんね（笑）。

ですので、今からやり方をご説明いたしますが、本当にピン！ ときた方だけ実践していただけたらと思います。

アーユルヴェーダにオイルは必須のものなのですが、ここで使うのは太白ごま油。カラダに塗ったり、口に入れたりと、大変使い勝手のいいオイルなのですが、使う前にぜひ**キュアリング**をして使ってみてください。

キュアリングとは、加熱作業のこと。しなくても使用はできますが、一度熱することで分子構造が細かくなり、サラサラの使いやすいオイルになります。

【キュアリング】

①太白ごま油を鍋に入れ火にかけて90度になるまで熱します。

②火を止めて自然に熱が冷めるまで置いてからまたケース（入れ物）に戻します。

これだけです。

ごま油は温性なのでカラダを温める効果や、気持ちを鎮静化させる効果もあります。どんなタイプの人にも使えるので、非常に汎用性があるオイルです。

【ガンドゥーシャ】

キュアリングしたオイル50ml

①ごま油を口に含み約5分間時々ゆっくり動かす。このとき油を飲みこまないようにする。

②5分くらい経ったら紙コップやキッチンペーパーに吐き出す。

③ごま油を吐き出した後、適度な温度のお湯でうがいする。

やってみるとそんなに口のなかがベトベトしないことに驚くと思います。毎日していると次第に歯茎も締まってきますよ。

また、このガンドゥーシャを行う前に大事なことがひとつ。

タングスクレイパーという銅製の金具で舌苔《ぜったい》を取る舌の掃除を必ずしています。

舌の上にもアーマ（毒）がたまると白っぽい苔ができてしまうのです。これも口臭の原因になります。歯医者さんで言われたことがある人もいるかもしれませんが、歯ブラシで舌を磨くのは舌を傷つけるためNGですよ。

タングスクレイパーはAmazonで1000円から1500円くらいで売っています。朝これで、起き抜けに2〜3回、舌の上をこするだけで簡単に取れますし、水洗いするだけでお手入れできます。お試しあれ。

もうひとつの朝の習慣アビアンガをご紹介いたします。

アビアンガとは、全身のオイルマッサージのこと。毎日やるのに全身が大変であれば3点マッサージで頭・耳・足だけでも効果が高いと言われています。時間がなければ自分のいちばん気になる箇所だけでもやってもいいかと思います。

ちなみに私は、毎日瞑想で胡坐を組むので、気がついたら右のくるぶしだけが恐竜の皮膚みたいにゴワゴワで、色も黒ずんでいたのが悩みでしたが、毎朝足のアビアンガをするようになってから嘘のように改善しました。

【アビアンガ　3点マッサージ】（頭・耳・足の3点）

①ごま油を38〜40度くらいに温める。
②頭頂部から皮膚全体に塗り、指の腹でゆっくりと気持ち良くさする。
③両耳にオイルを塗り、耳を気持ち良いくらいにもみほぐす。耳のなかを指や綿棒を使って塗る。しばらく置いたのち、コットンや綿棒でふき取る。
④足首より下の部分全体と足の裏にオイルを塗り、気持ちの良い程度にマッサージする。
⑤できればこの後シャワーを浴びるか、スチームタオルを当てて発汗させるとさらに浸透する。

スチームタオルは足首から下全体を包むようにすると良いです。スチームはオイルの後に発汗することで代謝が起こり、デトックス効果が高いため行います。

とはいえ、忙しい朝にこんなにたくさんできない場合は無理せず、できることから始めればいいかと思います。

私の場合は、朝活が5時からある際は、気になる足を優先にやります。足裏、足の甲、くるぶし、足の指にオイルを塗ってマッサージして、その後、無印良品のルームソックスをアビアンガ用にしてそれをはいて足を温めています。

オイルの塗った足のままでリビングを歩き回るのは家族に迷惑が掛かるので、自分なりの工夫をして、そのようにしています。

大事なことは続けること。

「やらなきゃ」で義務感に追われてやるよりは、「あ、やりたいな」くらいがちょうどいいです。

なんにせよ、あまり真面目に考えすぎず、自分が快適だと思う方法を見つけてやってみてくださいね。

自分をケアする時間は、自分を大切にしている実感が湧きます。本当に5分くらいでいいので続けてあげてみてくださいね。心が少しゆるむはずです。

第2章

食事は五感で味わう

Chigusa Philosophy

自分が何を食べたいのかを知ること

「何食べたい？」

と聞かれてあなたは即答できますか？

意外と「なんでもいい」とか「ん〜あなたは？」と聞き返すことで自分の意見を言わないことって多くないですか。

これって自分が思いつかないので、相手に決定権を譲っていますよね。それ以上に、「自分の思いを確認できていない＝表現できない」ことにもつながります。

どうして自分の「思い」を確認できないのか？　どうして表現できないのか？

自分の好きな食べ物を知らないっていうことは、自分を知らないことと同じです。

食事は自分の生命エネルギーに直結しますから、食に興味が湧かないのは生きることに興味がなくなりつつあるのと同じじゃないかと思うのです。

また、「思い」を表現できないのは、今まで自分との会話をしてこなかったからではないでしょうか。または忙しくて自分をかまう暇がなかったのかもしれません。

忙しいときは、食事にかまっていられなくて、とりあえず口に入れとけばいい、となりがち。自分を適当に扱いだすのです。


わかりやすい事例を出すと、私もひと昔前、仕事が忙しく朝から晩までパソコンにかじり付いていた頃、お昼ご飯もスキップしたりしているのにかかわらず、いつもカラダが太ってむくんでいました。

当時は太る理由がさっぱりわかりませんでしたが、今思えばカラダが悲鳴を上げているのに、私はちっともカラダの声を聴かずに無視していたんですね。

当時は、朝ごはんはトーストくらいしか食べず、お昼は決まった時間に取れないので夕方にお腹が空いているからと、いきなりうどんやラーメンなどの炭水化物をがっつり食べる……をくり返していました。そりゃあむくみます（笑）。

YOU ARE WHAT YOU EAT.（あなたはあなたの食べたものでできている）

そのような言葉があるように、食は自分を表しています。

何を食べたいかを知る＝自分のカラダの声を聴く＝自分は何が好きかを知る

と同じことです。

忙しいときは「とりあえず口に入れられればいい」とやむを得ずインスタント食品やコンビニ飯になることもあるでしょう。でも加工食品や添加物の多い食事が続くと、間違いなくカラダが重くなってやる気を失います。

そんなときの私のルールがこちら。

・簡易な食事を2日以上続けないこと。
・食べるときも、なるべく素材そのままのものを食べるようにする。

コンビニ食でも、剥《む》きリンゴとかバナナ、無塩ナッツなど加工されていないものを選ぶようにしています。

なぜなら、コンビニのご飯に**プラーナ**（**生命エネルギー**）が入っている食べ物は、ほとんどありません。わかりやすく言うと、それればかりを食べていると覇気《はき》がなくなってくるんです。


20代の子が何を食べても元気なのは**消化の火**（**アグニ**）が強いからです。

アグニとはアーユルヴェーダの言葉ですが、アーユルヴェーダとはインドの先人が考えた**病気を未然に防ぐ智慧**です。アグニは消化のエネルギーのこと。アグニが強ければ何を食べても消化できるからいいのですが、年齢と共に力が弱まってしまうため、年を取るにつれ食べるものには気をつけたいところです。

もし食べたものが消化できなければ、それは、アーマ（毒）となって体内に残ってしまうのです。それはいずれ、心身の病気の元になってしまいます。

なるべくプラーナがある食事にしようとするなら、

・出来立てのものを食べること
・必要な量だけを食べること

これがすごく重要です。

あまりお腹が空かないのも、アグニが働いていない証拠。アグニの火が弱ければ、生姜をスライスしたものに岩塩をひとつまみとレモン汁を振りかけたものを、食事の30分前に食べてみてください。これだけで消化力が上がってきますよ。

食べることは、生きることそのもの

長年、私が手帳講座を開催するなかで、多くの生徒さんの様子を見て思ったことは、**「自分の食べたいものを言えないのは、自分がどう生きたいのかを言えないのと直結している」**ということです。

「食べ物はなんでもいい」とつい答えてしまうのは、相手に気を遣っている表れですが、お相手に任せてしまっているし、自分の大事なカラダに与えるものを自分で決めないのは、人生を相手にゆだねているのと同じです。

私は出張で地方にあちこち行くので、ありがたいことに接待されることも多いのですが、北海道の札幌に行くときや港に近い場所でご飯を食べるときは必ず先に、

「生魚が苦手なんです。ごめんなさい」

とお伝えしておきます。事前にお伝えしておけば、お互い気まずい思いをしなく

ていいので必ず言います。これ本当に大事です。こちらは食べられなくて申し訳ないですし、先方はこちらを喜ばせようとしてくださっているし、ひと言お伝えしておくことが礼儀だと思っています。

私は、海鮮はあまり量が食べられないのですが、せっかくのお相手のおもてなしは大事にしたいですからね。

普段から**「自分は何が好きなのか？　嫌いなのか？」を知ることは自分を知ることにつながります。**だからこそ、もっと貪欲に何が食べたいかを具体的に想像する訓練をしてもいいと思うのです。

私はヨガをするようになってから、かなり食事に対して極端な変化をしてきました。だからこそカラダに敏感になりましたし、食事にも気を遣うようになりました。

ヨギー（ヨガを練習する人）は基本、お肉を食べません。

ヨガをやる人が守る**「八支則《はっしそく》」**という規則のなかに殺生をしない**「アヒムサ」**というルールがあるからです。

八支則とはヨガをやる人が、最終的な目的である悟りを得るために行う〝守るべき規律〟のことです。そのなかの最初の規律が**「ヤマ（社会的規律）」**で、さらにヤマのなかにルールが5つあり、最初のひとつ目が**「アヒムサ（非暴力）」**と訳されるものです。

生きとし生きるものすべてを大切にし、傷つけないこと。つまり、肉食なんてもってのほか。特にヨガの発祥の地インドでは牛が神様なので、牛肉を食べることはインドのヒンドゥー教で禁じられています。

だから私も頑なに、2年間は完全なベジタリアンになって、お肉を食さない時期を過ごしました。あまりにも頑なにやるあまり、今思えば常にイライラしていました。なぜならヨガでは「悟りに至るためには肉食をやめるべき」と言われています。かなり厳しいのです。

八支則とは、ヨガをする人が悟りに至るための道のりで、必ず守るべきルールが8段階に分けて記されています。八支則の内容を簡単にお伝えすると次の3つに分かれています。

◎ヨガの基本的な道徳的な考え（ヤマ、ニヤマ）
◎実技的なやり方（アサナ、プラーナヤマ、プラティヤハーラ）
◎瞑想状態へどう持っていくか（ダラナ、ディヤナ、サマディ）

この道徳的な考えであるヤマの規約の1番目が「アヒムサ」なのです。具体的には他人にも自分にも暴力を振るわないこと。

今思うとこれを徹底するあまり、逆にかなり周りの人を言葉で傷つけていたのではないかと思います。だって、せっかく母が作ってくれた料理を、

「ちょっと私、お肉食べないのだから一緒にしないで！」

とお皿をどけて一切口にせず、ひどい態度をとっていましたから。

自分が息子に作る料理も完全に分けていて、カレーを作ってもお肉入りとベジカレーを別々に作ったりしていました。

極端なくらい食生活に制限をかけ、毎日のお昼はカロリーメイト2本しか食べない時期が1年くらいありました。ストイックになるあまり、食に興味がなくなったのです。

もちろん体重も5キロくらい痩せましたが、それより心に覇気がなくなり、イライラして怒りっぽくなりましたね。

ベジタリアンを2年続けた後、ふと「家族と同じものを食べないのに調和なんて生まれるの？」と心の中から声がして、あるときからパッタリとベジ生活を辞めました。だってヨギーは調和や愛がすべてなはずなのに、自分にはまったくないことに違和感を覚えたのです。

ヨガとは**他人との境界線をなくす**という意味もあります。**自分も他人も同じであるという考え**があるのです。自分の考えを他人に押し付けるのも違います。

それからは家族と同じものを食したいと考えるようになったので、何を食べるときも食事に感謝をしながら「**楽しく幸せにご飯を食べること**」に徹しています。

もっとカラダが食べたいものを知る

なによりもいちばん大事なことはカラダと会話することです。

お腹が空いたら、

「ね、今日何食べたい？」

と自分に聞くことですね。もっと言うなら、時計の時間はちょっと置いておいて、本当にお腹が空いたときの**「自分の時間」とカラダを結びつけてみる**、とか。

そうやって「なんとなく食べる」ではなく、カラダが食べ物を欲する感覚を確認してみるのです。もしかしたら、なんとなく1日3食を食べていたのが、カラダの声を聞くようになって、2食や1食の日があるかもしれませんよね。

つまり、**「食べること」と「五感」をしっかり友達関係にしてしまう**のです。

そうやって、カラダの本当の声を聞いているうちに、最初は難しいかもしれませんが、いろいろな感情が湧いてくると思うのです。

「あ、昨日の夕食が重かったから今日はお蕎麦がいい〜」とか。
「今日は元気になるスパイスカレーが食べたい！」とか。
「今日のお昼は軽めにサラダだけにしておこう」とか。
「今夜は手作りのスープを作ってみよう！」とか。

食べる食材もさることながら、料理の色味や形、盛り付けられた器や食器類にも自分の感覚を動かしてみたり……。

そんな瞬間をいっぱい体験しているうちに、ただ生きるための「食」に、まったく違う感覚や感性で楽しむきっかけが生まれてきます。必ず、だんだん出てくるようになるんです。自分が何を食べたいかを知るって自分をわかっているってこと。これはなかなか訓練のしがいがありますよ。

考えてみたら大事な自分に食というエネルギーをあげるのに「なんでもいい」な

んて少々乱暴じゃないでしょうか。

贅沢なものばかりを食べるという意味ではなく、自分のカラダを大事に取り扱っていくのであれば、食は絶対に外せません。

カラダの些細な変化に耳を傾け、そこに適したものを食べる。

20代の元気で何を食べても支障のないカラダと違って、40代を過ぎた私たちは、些細なカラダの変化に耳を傾ける。健康を維持するのに本当に大事なことです。忙しいとつい「お腹が満たされればなんでもいい」と考えてしまいますよね。

私は12年前に訪れたインドがきっかけで、今の大好物は南インド料理なのですが、それには私的に食への学びがたくさん詰まっていたからなのです。

インドでは、ご飯を手で食べます。

神聖な手は右手と決まっているので右手のみを使い、左手は使いません。大人も子どもも器用に右手の人差し指、中指、親指を使って上手に食べます。

手で食べる「手食」の文化はインド、ネパールのヒンドゥー教では当たり前です。

食べ物は神から与えられた神聖なものという考えがあるため、手で食べることが最も清浄という宗教的な戒律を守っているからです。

そしてご飯の間は会話をしません。食べることだけに集中します。

インドでは料理は温かければ、温かいほど良い料理だと評価されると聞いて驚きました。インドにはそもそも「作り置き」「レンチン」なんていう文化がありません。

食べるものは、食べるときに食べたいだけの量を作る。

冷凍食品やお湯をかけて食べるものがたくさんある日本と違い、食べることをもっと重要視しているのだと思いました。

手で食べる手食には最初、いつもスプーンで食べている私も抵抗があったのですが、「手で食べるほうが美味しいのよ」と南インド食通の友人に聞いてからは、手食を意図してやるようになりました。確かに手で食べるとご飯の温かさ、匂い、口に入れたときの舌触りがすべて違いました。

たとえば、スプーンで食べるときは、先に金属の冷たさが舌に乗りますが、それがなく、直接口に食べ物を入れることができるので格段に美味しいのです。

実は世界的に見ても、東南アジア、中近東、アフリカなどを中心に手食を行っている人は地球上の総人口の約4割を占めているのです。

日本でも、寿司やおにぎりは手で食べますよね。ご飯を素手で食べる習慣は昔からあったのです。目で見て、料理の美しさに癒されて、匂いで食欲をそそり、調理される音で期待を持ち、手で温かさを感じ、舌で味わう。

手食をすれば、五感すべてを感じることができます。

これってとても豊かな食べ方じゃないでしょうか。ただ、ガソリンを車に入れるように食べ物を口に運ぶのではなく、五感のすべてを使って食すこと。それができるのも食事の楽しみです。

体中の全細胞で食を楽しめたらこんなに幸せなことはありません。ハレの日の外食なら「食事」そのものがエンターテイメントになるでしょう。

人が食べられる一生の食事の回数は決まっています。

日本の女性の平均寿命は87歳（２０２２年時点で）。私は今46歳なので、とっくに人生半分過ぎているところ。

毎回の食事を、ただお腹を満たすだけのものではなく、1回1回、食べられることに感謝をしながら丁寧に食事をしたいと思います。

私が大好きな南インド料理

朝ごはんが最大のエネルギーチャージ

あなたはどんな朝ごはんを食べていますか？　そもそも食べる派と食べない派もいるかもしれませんね。

健康になるのに食べたほうがいいのか、どうなのか、どちらがいいのか論争は、ひと昔前からかなりの物議をかもしてきました。

食べたほうがいいのか、食べないほうがいいのかは、私が思うに結果「人による」が正解かと。その人の体質で朝はコーヒーだけで十分な人もいるでしょうし、朝から炭水化物を入れないと持たない人もいて当たり前です。

ちなみに私もヨガの練習を中心に生きていた頃は、朝ごはんを食べずに、そのまま昼間のレッスンに出かけることが多かったです。当時は省エネで活動できたからそれでよかったのですよね。

今は仕事上の会食だとか、ランチ会だとかがあるため、どうしても外食が多くなってきました。そのため、1日のうち、いったいいつ自分でコントロールができるかを考えた結果が「**朝ごはん**」でした。

確かに朝がいちばん誰にも気を遣わず好きなものが食べられますから。

我が家の平均的な朝ごはんメニューはこちら。大体こんな感じです。

- **ご飯（鍋で炊き立て）**
- **味噌汁**
- **納豆**
- **目玉焼き**
- **グリーンサラダ（オリーブオイルとバルサミコ酢で）**

典型的な日本の朝ごはんです。炊き立てのご飯にはアーユルヴェーダでいうところの「**オージャス**」がたくさん詰まっています。

オージャスとは免疫系の生命エネルギーのこと。たくさん入っている食べ物を食べれば、元気になります。オージャスが増えると幸福感が増して感情も安定し、目の輝きや肌にも張りが出て、心もカラダも免疫力が高くなるのですよ。

また、外食が多いとどうしても緑が不足になるので、朝から**グリーンサラダ**を食べるようにしています。手間がかかってそうって言われますが、続かないと意味がないので、私はサラダの内容はもっぱらベビーリーフとレタスです。

買ってきたものを洗って出すだけ。ドレッシングもいろいろと試した結果、塩を振ってオリーブオイルとバルサミコ酢になりました。オリーブオイルをかけるのがいちばんシンプルだし、何が入っているかわかるから安心です。

ただし、アーユルヴェーダ的には、朝から野菜はカラダを冷やすと言われておりNGです。私は「消化の火」が強いので大丈夫なのですが、自分に合っているかどうかは試してみてくださいね。

味噌汁と納豆に至っては、発酵料理教室の先生に「**1食1発酵食品**」と言われてから特に納豆を意識して食べるようになりました。実は味噌汁は大好きだけど納豆が苦手で、今まであまり食べないようにしていたくらいです。

でも、食べるようになってから、お通じが本当に変わりました。毎日つるんとスッキリです。発酵食品は昔からあるだけあって、やっぱり日本人の腸に合っているのですね。

もちろん忙しい朝は、パンにすることもあるのですが、我が家ではなるべく朝はお米にしています。以前はパンのほうが好きでしたし、楽なのでパン食でしたが、小麦が腸に張り付くことで、便秘になりやすかったり、鼻炎になりがちになるのを聞いてからパンを選ぶのはやめるようになりました。

これも長年自分のカラダとお付き合いしてきたからこそわかったことです。

ようやく今になってカラダが喜ぶ朝ごはんを自分で選んで食べられているなと思います。

食がエネルギーに直結しているアーユルヴェーダ的理由

何を食べるかは本当に大切だと語ってきましたが、それは先ほども話した生命エネルギーと言われる「オージャス」に関係しています。オージャスが多い人は目がキラキラしていて内側からのエネルギーを放っているのです。

少しややこしいのですが、生命エネルギーの全体を「**プラーナ**」と言い、そのなかのオージャスが免疫系のエネルギーで、プラーナが物を動かす力があり、呼吸器系や循環器系をつかさどります。

炊き立てのご飯、素材を活かしたお料理にはたくさんのオージャスが含まれているのですが、やはりコンビニで売っているような大量に作り置きされた食べ物は、明らかにオージャスが入っていない食べ物になります。

アーユルヴェーダでは、作り置きをするという概念がありません。食べたいものを食べるだけ作り、温かい食事を摂ることが重要とされています。冷凍食品も、もちろんダメ。

現代人には少し厳しいですが、考えてみると江戸時代に冷蔵庫があるわけもなく、インドにも食べ物を冷蔵しておける場所がなかったはずです。食べたいものを食べるだけ作るというのは、ある意味とても自然なことと言えます。

すべてをいつもアーユルヴェーダ的な食事にすることは難しいですが、私もできるかぎり、食べたいものをそのときに作るようにしています。よくある常備菜のような作り置きをしないのです。

もちろん「あったら楽だろうな」とも思うのですが、たくさん作り置きしてもそのとき食べたいかわからないから、それはいつも自分のお腹と会話しながら食べたいと言っているものを食べるようにしています。

食べたいものを食べる量だけ作って食べきる。これを実践しています。

でも、これも私が意識してできるようになったのは、間違いなくコロナ禍になってからです。

ステイホームで家にいる時間が増え、オンラインで仕事ができるようになって出張が減り、自分を見つめなおすことができる時間が手に入りました。私だけではなく、世間でもそんな人は多かったのではないでしょうか。

毎日出社ではなく、オンラインワークになり、都会から田舎に引っ越す人も多くなりました。

もれなく私も、今まで現場に行かないと仕事ができないと思っていたセミナーや講演会が、一気にオンライン化しました。密を防ぐために現場での仕事が強制終了したおかげで「急いで」「時短」「早く」というのがまったくなくなりました。

いや、たぶんその気になれば、コロナ禍になる前からもできたのかもしれません。でも頭で無理だと思っていたんですね。

実は昔、オーストラリアに移住した友人が、もう10年以上前からすでに「**オーガ**

ニックライフ」や「自給自足」を実現していたのです。

彼女の家に遊びに行ったときの話です。バイロンベイというヒッピーな町に住む彼女の家の裏には、あふれんばかりの有機野菜が育っていました。夕飯時になると「あ、じゃあ野菜取ってきて〜」とボウルと鋏《はさみ》を渡され、裏庭に生えているナスやキュウリ、レタスをもぎ取ってくるのです。ちなみに彼女の家には炊飯器も電子レンジもありません。夕飯は17時頃から準備して、ドレッシングもソースもすべて1から作りますから、出来上がるのは大体2時間後の19時過ぎでした。

一見大変だと思うのですが、見方を変えたら、こんなにも豊かなことはありません。自分が食べるものを自分で育てて、丁寧に調理をしていただく。究極の贅沢じゃないでしょうか。

そんな友人のライフスタイルに憧れながらも、日本の忙しい生活のなかではやはりどこかで便利さに負けてしまい、実践できずにいました。

でも、2020年にコロナ禍になったからこそ、いろいろなことが強制終了して「自然食」「免疫」「オーガニック」「有機食材」を社会全体でさらに目にするようになりました。

本来はずっとそこにあったもの。便利さと手軽さを優先して私たちがチョイスしていなかっただけです。

これは本当にありがたい気づきだと思っています。何を選ぶかは自分の責任。

YOU ARE WHAT YOU EAT.（あなたはあなたが食べたものでできている）

これからも食は大事に選んで食べたいものです。

私が食で大切にしていること

「何を食べるか？」はもちろん、すごく大事なのですが、それ以上に私が大事にしていることが3つあります。ひとつは、

「アグニを強くすること」

アグニとは、アーユルヴェーダの用語で**消化力**のこと。お腹にある火の要素です。有機野菜を選んだり、カラダに良いものを食べることはもちろんですが、そうは言ってもお付き合いで会食があったり、忙しさのあまりジャンクフードやカップラーメンを食べるときだってあると思います。

そんなときに覚えておいてほしいことが、「**消化力を上げること**」です。何を食べるかも重要ですが、それ以上にカラダにとって要らないものを出す力があることが非常に重要です。いわばアグニさえ強ければ何を食べても大丈夫なんです。

アーユルヴェーダの書物にもこう書かれています。

「寿命、肌つや、体力、健康、熱意、同化作用、光沢、免疫（オージャス）、エネルギー、体温調節、活気、これらはすべて体の火に依存する。この火が消されると死に、適切に機能していれば長生きし、病気とは無縁で、乱れると病気になる。したがってアグニはすべての根源的な原因である」（チャラカ治療編15章3－4）

つまりこれほどまでに、アグニは生きていくうえでも非常に重要な役割だと書かれているのですね。

「じゃあどうやってアグニを強くすればいいの?」って思いますよね。アーユルヴェーダの観点から見て、アグニを強化する方法は以下のようになります。

1. 適切な食事を摂ること

アグニを活性化するためには、適切な食事を摂ることが重要です。消化しやすい食材やスパイスを選び、バランスの取れた食事を心掛けましょう。また、生野菜や果物などの加工されていない生の食材も積極的に摂ると良いです。そのままの食材はプラーナ（生命エネルギー）が高いと言われています。

2. 食事の時間と量を適切にする

定時かつ適量の食事を摂ることもアグニを強化するポイントです。不規則な食事や過剰な食事は消化力を低下させる原因となりますので、規則正しい食事習慣を身につけましょう。

たとえば、お昼になってもお腹が空かないというのもアグニが働いていない証拠です。また、接客業の方にはあるあるかもしれませんが、今日は14時に食べて昨日は11時で、一昨日は16時だった！　なんていうことはありませんか？

バラバラな時間帯に食事を摂るのでは、いつ消化力を活性化すればいいかわからず、アグニが弱ってしまいます。12時なら12時と食べる時間を決めてください。なるべく同じ時間帯に食べるようにしましょう。

また、食べすぎも要注意です。正しく消化力を促すのであれば、食事の際の胃の中の割合は「①固形物33％〜50％（⅓〜½）②液体25％〜33％（¼〜⅓）③空間25％～33％（1/4～1/3）」がいいとされています。多少の空間のスペースがないと動くことができず、消化する力が落ちてしまうのです。お腹いっぱい食べず、腹八分目が消化に負担をかけません。

古典書には「食べた後、苦しくなく、笑うことができる量」と書いてあります。年を重ねてきた分、胃には優しくしないといけませんね。

3. スパイスとハーブの力を使う

アーユルヴェーダでは、消化を助けるスパイスやハーブを活用することが奨励されています。たとえば、生姜、クミン、コリアンダー、シナモン、ターメリックなどが消化を促進し、アグニを強化する助けになります。

普段スパイスを使わなかったり、苦手であれば生姜がいちばんなじみやすいかもしれません。食前にアグニを高めるのに生姜のピクルスを食べるのもおススメです。食事の15分から20分前に生姜をひと切れスライスしたものに岩塩とレモン汁を少し振りかけ、よく噛んで食べるだけでもＯＫです。消化力をグッと高めてくれます。

4. ハーブティーや白湯を飲む

温かいハーブティーや白湯を飲むことも消化を助け、アグニを活性化する効果があります。生姜やシナモンを入れたハーブティーは消化を促進する効果があります。また食事中の白湯は消化酵素の分泌を促進し胃を整えて代謝を活性化させます。白湯はこの世でいちばん純粋な飲み物とされていて、1日コップに5～6杯飲むのが理想です（全体で1リットルから1200mlくらい）。朝起きての白湯はもちろん、夜寝る前に200mlほどの熱々の白湯を飲むのも良いとされています。寝ている間に消化力が働き、寝付きも良くなり、翌朝のお通じも良くなります。

5. ストレスを管理する

ストレスは消化機能を阻害する要因のひとつです。ストレスを減らすためには、適切な休息やリラックス法を取り入れることが何より大切です。ヨガや瞑想などのリラックス法が効果的です。まさにCITTA的な生活ですね。

これらの方法を取り入れることで、アグニを強化し、健康な消化機能を維持することができます。できるところから、ピンと来たところから、ぜひ意識してみてくださいね。

もうひとつ、私が食事で大事にしていることはこちらです。

「誰と食べるか？」

私は23歳でシングルマザーになってしまったこともあり、私が昼も夜も働いていつもは私の母が息子の世話をしてくれていました。

それゆえ小学校低学年の息子と一緒に夕飯を食べた記憶がありません。

ある日、「これではいけない！」と一念発起し、すべての仕事を辞めてリセットしました。ようやく息子との時間を作れるようになっていきましたが、それでも息子が小さいときに、かけがえのない時間を一緒に過ごせなかったことはとても後悔しています。

「誰と一緒に食事をしたいか？」

そう聞かれたら、やっぱりいちばんは家族だと思うのですよね。

どうしたって、いつかは一緒に食事ができないときがやってくるので、そのときが来るまでは、家族で一緒にご飯を食べる時間を大事にしたいと思っています。

また、私は旅行が好きなので、ぶらり一人旅もよくしますが、1人だとご飯のときが困るのです。海外でレストランに行くのも1人だと気が引けます。

でも、「次は皆で来たら楽しいだろうな〜」とよく想像しますし、このシチュエーションならこの仲間ときたいなと思って企画したりもします。

「誰と食事をするか？」で食事の楽しみ方はグッと変わってきますね。

3つめに意識をしていることは、1人での食事なら、

「食べることに集中することです」

スマホの電源を切るかフライトモードにして食べることに一点集中です。

これって意外とできていないと思うのです。食事中だってラインやSNSが流れ

てくるので、なんだかんだスマホを触りながらじゃないでしょうか？

忙しい人はパソコンのキーを叩きながらパンをかじっているかもしれません。

1人での食事の際は、ついついTVやYouTubeを見ながら食べていることもあると思うのです。でもそれだと心は食事ではなく、どこか違うところに飛ばされている感じです。

「今ここ」を感じるためには、あえてスマホは触らず、仕事もしないで食事に集中して食べること。作ってくれた方への感謝や美味しさがよりわかるかと思います。

私も数年前、アレもコレもと頭の中が忙しい頃、パンをかじりながらパソコンをしていると、うちの年上のスタッフから怒られたことがありました。

「ちょっと先生、それ何食べているか、ちゃんと味わっていますか!?」

確かに言われたときに、いったい何味の総菜パンなのか、何個食べたのか記憶が曖昧でまったく覚えていません。まさに気もそぞろとはこのことですね。

心が過去や未来に飛んでしまうので、そうなってしまうのです。

「今を生きる」がヨギーのテーマなのに聞いてあきれますよね。しかも、作ってくれた人にも食材にも何の感謝も敬意も払えない。これではいけないと深く反省しました。

今という時間は今しかありませんから。

手を合わせ食べ物に感謝しながら、食事をいただく気持ちを大事にしたいものです。

千草流、五感の磨き方

私の持論ですが、**五感を磨くと自分の心の動きに敏感になり、引き寄せが強くなります。**自分の感情を素直に受け止めることができますし、自分が行きたい方向の道もはっきり見えるからぶれなくなるのですね。

逆にワクワクすることが何も浮かんでこない。やりたいことがまったく出てこない、なんてときは五感が鈍感になって感情が動かないときです。

毎日同じことの繰り返しだとだんだん脳がそれに慣れてしまって刺激がなくなり退屈してきます。忙しすぎたり、責任のあることをやっていたり、やるべきことばかりをやっていると気づかないうちに笑顔がなくなり、心が動かなくなってきます。

ある意味、いくらか感情に蓋《ふた》をしないとやっていられないからかもしれません。

確かに世界一のコーチングコーチであるアンソニー・ロビンズのセミナーで、人間の根源的な欲求は6つあると学びました。それが「**人が求める6つの欲求**」です。

［6ヒューマンニーズ］

①安定感　②不安定感　③自己重要感　④愛、つながり　⑤成長　⑥貢献

「①安定感」は「私はここに居ていい」という安心・安全な場所が人には必要なことですが、逆に「②不安定感」とは変化や刺激を求めるもののことを言っています。

ここでは他の段階の説明ははぶきますが、多くの人は安心・安全の安定感を求めると同時に、不安定感という普段と変えてみたい、景色を変えたい、冒険してみたいという欲求が根源的にあるということです。

要は動かなすぎるのもダメですが、動きすぎるのもダメで、やはりどちらも行きすぎないようバランスが重要ということですね。わかりやすい変化を求めるなら、私のおススメは旅行に行くことがいちばん五感を動かせます。

ダライ・ラマ14世の『**人生で大切な18か条**』のひとつにこう書かれていました。

「年に一度は知らない場所に行きなさい」

ダライ・ラマ14世が言っているくらいですから、新しい場所に行き、新しいものを見て体験することが、新しい自分に出会えることになって幸せな感情にもつながります。自分の視野や見聞を広めることが、また自分を成長させる材料になるはずです。

ちなみに私も旅行が大好きで、いろいろな場所に行っていますが、確かに海外に飛び出ると気づくことがたくさんあります。

昔の話ですが、仕事で取り返しのつかない失敗と数百万円の負債を負ったとき、偶然にもオーストラリアに移住した友人を訪ねる計画をして飛行機のチケットを取っていた時期でした。起こった出来事に心が落ち着かないまま旅路につきました。

ところが、オーストラリアのゴールドコーストの広大な海辺で波を見ていると、

「自分はなんてちっぽけなことで悩んでいたのか！」

と思うことができて、悩みがスッと軽くなりました。

インドに旅行に行った際も、貧富の差が激しい現地で毎回やってくる物乞《ものご》いの子たちを目の当たりにして、日本がどれだけ恵まれているのかを知ることができて、ありがたい気持ちが湧いてきたり。

全力で「お金はあるところからもらう」主義のインド人は、親切なふりをして通常の3倍以上のお金をふっかけてくるオートリキシャの運転手（バイク型の3輪タクシーのこと）とこんな喧嘩をしたりします。現地に着いたとたん違う値段を言われ「100ルピーって言ったよね!?」と言うと「違う。2人で200だ」みたいな感じです。そんなことはインドでは日常茶飯事。

いろいろな体験をすると「自分はとても恵まれているのだな」と感じたりします。

いつもの日常にいると、そこが実はとてもありがたい場所であることに気づけなかったりします。そのような目線でいると、そこには反省も成長もあります。

ぜひ行ったことのない場所があるなら、面倒がらずに国内でも海外でもぜひ足を運んでみてください。見たことのない景色や食べたことのない食べ物は、自分の喜びを増やしてくれます。特に、その土地でしか食べられない郷土料理などは絶対トライしてみてください。なぜなら、多くの人が食べているということは、滋養強壮に良かったり、そこの気候に適していたりする食べ物だからです。

私の過去至上、いちばんのトライは、アフリカ南部のザンビアで食べた昆虫の幼虫ですね（笑）。幼虫は栄養価が高いそうです。ちなみに、そんなに不味くはなかったですよ。意外と食べられるものですね。この体験で私の食べ物のキャパは、またどんどん広がりました。経験値が増え、レベルがひとつ上がったようなものです。

あとは2023年に経営者の友人2人とヨーロッパへ行った際、1人の友人がとても食が好きな方で「星付きのレストラン行こ♡」と誘ってもらい、1週間のうちに2回もミシュラン掲載店に行かせていただきました。ベネツィアの1つ星レストランとパリの2つ星にご一緒させてもらう機会は貴重な体験です。

これはもう自分だけの選択ならあり得ませんし、こんな機会じゃないと行かないなと思うと非常に貴重な体験でした。

食事が美味しいのはもちろんなのですが、もうね、食がアート。まるでアトラクションです。クラシカルなフレンチではなく、最近のヨーロッパの傾向は発酵食品や和のテイストを取り入れているものが多く、それも現代の流れなのかなと思うと感慨深かったです。

なにせ星付きのパリのフレンチで海苔《のり》が出てきたり、天ぷらが出てきたりしたのですよ！

「3つ星レストランで有名なレストランｎｏｍａがそういう傾向だからかな」と食通の友人は言っていました。へ～ですよね。面白いでしょう？　行ってみないと、体験してみないとわからないことばかりです。

ちなみに五感を磨くのに、旅行じゃないとダメなことはありません。

仕事上、旅行に行くのが厳しければ、仕事帰りに映画を観に行ってみるとか、大きめの木屋さんに行くとか、または美術館に行くのもおススメです。「普段、やったことがない」「普段、食べたことがない」ことほどいいものです。

普段自分じゃ行かない、選ばないものにも友人から誘われたら、それはチャンスです。お誘いが来た時点でご縁ですから。自分の見聞を広めるためにも、面倒臭がらずに飛び込んでみましょう。

違う世界に身を投じることが面白いのです。自分の感覚と遊んでみてください。心が動き感動が多いほうが人生が良いほうに動いていきますよ。

この世でいちばん純粋な飲み物「白湯」について

世の中にいろいろな健康法があって、何から手を付けたらいいのかわからなくなりますよね。私が自分の生徒さんやコミュニティで必ず言うのが、次のひと言。

「白湯《さゆ》がおススメです！」

誰でもいちばんとっつきやすくて始めやすいですからね。私は朝から晩まで飲んでいて、大体1日に1リットル以上は飲んでいます。朝沸《わ》かしたものを水筒に入れて持ち歩いています。

「白湯ってただのお湯でしょ？」という人もいると思うのですが、アーユルヴェーダの白湯は少し奥が深いです。白湯がとても純粋な飲み物で、エネルギーが高い理由に5大要素が含まれているからです。

アーユルヴェーダでは、この世の中の物質は「5大要素」と言って、5つの要素からすべての物ができていると考えます。

空・風・火・水・地

この5つです。サンスクリット語では**パンチャマハブータス**。

「パンチャ＝5、マハ＝要素、ブータス＝要素」という意味があり、5つの偉大な要素がこちら。ひょっとして仏教に興味がある人は、この字の入った五重塔を見たことがあるかもしれませんね。仏教でもこれらは五行として知られています。

もちろん私たちのカラダもそうですし、その辺にあるものすべてが5大要素から出来上がっています。

アーユルヴェーダでいう白湯は、電気ポットで沸かしたものではなく、グツグツと火にかけて沸騰《ふっとう》させながら煮詰めたもののことを言います。火の要素、水の要素、水蒸気になって上がる風と空の要素が入った完璧な飲み物が白湯なのです。

【白湯の効果】

便秘、下痢、肩こり、むくみの解消。風邪や鼻づまり、しゃっくりが治ったり体重が減少したりする効果があります。消化力も上げるので、デトックス効果で肌がキレイになります。

【白湯の作り方】

家で飲む分には、10分ほど沸騰させてカルキを抜いたもので十分ですが、より効果的にしたい方は、お水が2分の1から8分の1になるまで煮詰めると良いと古典書には書かれています。煮込めば煮込むほど風の要素が入り軽性《けいせい》になります。

◎熱々の白湯（65度くらい）※フーフーしないと飲めない温度

朝いちばんと夜寝る前、食事中に1杯ずつ飲みましょう。1日5杯～6杯ほど飲むのが理想的です。

◎湯冷まし

①800mlくらいのお水をやかんに入れて沸騰させ、蓋をあけて10分ほど沸騰させ

る。
②火を止めて冷めるのを待つ。
③蒸発して600mlくらいになります。1日のうち喉が渇いたときに飲みましょう。（1日600ml程度）

私は京都の嵐山にある「桃草舎《とうそうしゃ》」というアトリエでアーユルヴェーダ講座講師をしているモモ先生から習いました。彼女はインド人の先生に今も熱心に習う本物の講師です。

アーユルヴェーダは本当に奥が深いので私が語るのもおこがましいのですが、白湯はいちばん誰もが取り入れやすく、今日からでも出来る素晴らしい健康法なのでぜひともで飲んでいただきたい飲み物です。

ちなみに、「味のしないお湯を飲むなんて味気ない……」と最初は思うかもしれませんが、飲んでいるうちに舌も浄化されて、白湯がだんだん甘く感じるようになります。

味覚が変わるんですよ。そうなったら白湯が大好きになるはずです。ようやく一昨年からコンビニでも白湯が売られるようになって喜んでいたのは私だけではないはず。

コーヒーも好きな人が多いと思いますし、私も好きなのですが、コーヒーはカラダを冷やす成分があるので、1日1杯までにしています。冷え性な人はコーヒーを少し控えて白湯に変えてみてください。朝、ガスで沸かしたものを水筒に入れて持ち歩くのもおススメです。体質も変わりますよ。

第3章

感性を磨く旅に出る

自分自身を解放して心の声を聴く時間

旅に出るってなんだかウキウキしますよね。

それは日常と違う体験をしに行くから、そして『非日常』の空間と時間に出会えるから、です。まだ見たことのない景色や初めて行く場所に緊張やドキドキ感があるからでしょう。期待と興奮が入り混じって、それが楽しみにもつながります。

皆様はどうでしょうか。最近、旅をしましたか？　昨年1年間を振り返って、初めて訪れた場所はありましたか？　意外と毎日に追われて、いつものルーティンを繰り返しているうちに、気づいたら1日が終わっている……なんてことが多いかもしれません。

私も子どもが小学生の頃は、それればかりでした。でも「このままじゃ、ずっと行きたいと思うばかりで時間が過ぎて後悔する！」と一念発起してからは、勇気をもって仕事を休むことができるようになりました。

私自身、旅とは本当の自分と出会うための行動……だと思っています。

いつもと同じ毎日のなかでは、安心や慣れのため、また生活に追われて自分の心の声が聞こえにくくなっていたりします。日常って、仕事や人間関係で、ちょっと窮屈《きゅうくつ》になりがちですから。**自分自身を解放する時間**がどんな人にも必要です。

旅は、**本当の自分の心の奥の声**を聴く時間になります。

いつもの自分の殻を破り、新しい知識や考え、経験を得たいときに旅が最適です。今まで行ったことのない場所へ行くことを勧めるのは、人間は本能的に「変化」や「刺激」を求めるようになっているからです。

またそれと同時に、人の根本的欲求として「成長したい」「学びたい」というのがあります。旅は、そのすべての欲求を満たしてくれます。

特に予想しないことが起こる海外旅行は、毎回行く度に私自身を強くしてくれます。本当にトラブルを含むいろいろなことが起きますが、それもすべて「勉強したな」で自分の経験値を積んでいけます。

私が今まで体験したことで言うと……。

たとえば予定の飛行機が飛ばない、予約した宿の日付が間違っていた、現地の人に「案内してあげるよ」と言われてついていったら半ば無理やりお土産を買わされる、タクシーの料金を2倍ぼったくられる、ホテルのシャワーの水圧が弱すぎてチョロチョロしか出ない……などなど。そんなことは日常茶飯事です。

腹をくくり、「何があっても大丈夫。全部が経験！」と自分に言い聞かせて、未知の土地を歩む一歩を始めてみませんか。

私は、「旅は思い立ったら今」だといつも思っています。

だって人生で今日がいちばん若いのですから。思い立ったら吉日とは良く言ったものです。なんだか急に「あ！　ここ」ってピンと来ることありませんか？　それって実は神様からのお告げだと思って。

「気になる」というのは、実は急に思いついたように見えますが、今までの何かが潜在意識に刷り込まれていると私は思っています。少し前に見たTVだったり、誰かの話だったり、雑誌だったり、流れてくる情報からだったり。全部、ご縁があるから入ってくるのです。

本気でどうでもよければ、感情は動きません。何かまったく違う作業をしているときに「あっ！」ってなりませんか？　あなたが気になったときが訪れるチャンスです。行く計画を立てちゃいましょう。

- **いつ？**
- **どこに？**
- **誰と？**
- **1人で？**

プランを立ててエアチケットを買ってしまえば、もうこっちのものです。

実際には「休めないかもしれないのに？」とよく言われますが、手帳やカレンダーに休みの予定の線を引いてしまえば、「あ、この日、休むって書いている！」というのが潜在意識に刷り込まれ、だんだんその日を死守する流れになっていきます。周りに言っておいたり、仕事を終わらせたりするか、そのとき抱えている案件を誰かに依頼しておくようになれます。

大事なのは決めること。

「行けたら行きたいな」は一生行きません。

「行きたいな」ではなく「行く！」と決めること。

あなたの名前、あなたの人生で、この時代を生きられるのは1回限りです。

「また今度」はありません。

旅に行くことも、人生の先延ばしや先送り癖をやめることができる、いいきっかけです。あなたの人生に夏休みをあげましょう。

大人が長めの夏休みを取ったっていいじゃないですか。

普段頑張っている自分にご褒美です。20代のときは20代なりの旅のスタイルがありますし、今の自分の人生経験値だからこそ行ける旅もある。同じものを見ても、若いときに見た感覚と、今の自分が観る感覚ではまったく違うはずです。

そこには、今しか行けない旅があります。

さぁ、自分のための大冒険。今から計画していきましょう。

自分と対話する一人旅のススメ

一人旅ってしたことありますか？　考えたこともないでしょうか。

「国内はともかく海外なんて怖くて絶対行けない。1人でなんて、予約とかどうしたらいいの⁉」

そのような人もいるかもしれません。大丈夫です。予約の仕方は後ほどお書きしますので、まずは一人旅のメリットをお伝えします。

私が一人旅をおススメする理由は、間違いなく自分との対話ができるから。今まで気づかなかった自分との会話が増えるからです。

何が見たいのか、何を食べたいのか、常に旅行の間中、自分と会話するしかありません。自分の深掘りができるのが一人旅の良いところです。

普段から日常的に自分と向き合えればいいのですが、忙しい毎日のなかで仕事のことや家庭のことを切り離し、完全に心を空っぽにするのはなかなか難しいですよね。思い切って今抱えているものを手放して、考えないようにする旅は自分へのプレゼントなのかもしれません。私自身、今までを思い返すと人生の転機に旅をしていたことが多かったように思います。

「自問自答できる者がヨギーである」

そうヨガの師匠に教わりました。旅は自分と会話する最適な手段とも言えます。

もちろん気の合う仲間との旅行や家族旅行も楽しいですし、それもありですが、それとは別に一人旅は一人旅でしか得られない醍醐味があります。

ふと乗り合わせたバスや電車や飛行機で同席した人と友達になれて、新しい出会いがあったり。自分が知らなかった情報交換ができたり、次の行先を決めるきっかけにもなって、とても刺激を受けます。

そして何より「決めるのがすべて自分」である一人旅は、ご飯をいつ、何を食べるのかも自由。宿だって、ドミトリーやカプセルホテルにしようが、高級ホテルにしようが、それも自由！　あなたの好みですべて選べるのです。

誰かと一緒に旅に行ったとしたら、すべてをうかがわなければなりませんよね。気楽な一人旅は、本当に気を遣わずに思い立ったら行けることがメリットのひとつです。

一人旅でいちばん会話をする相手は常に自分。

「あっ、やっぱり私これが好きだな～」って自分が本当に好きなものや快適なものを再確認できます。わかりやすく言うと、一人旅は1人で行く美術鑑賞に近いのかもしれません。

なぜならアートにおいて、人が魅力を感じる絵や作品って、それぞれに違いますよね。気に入った絵は時間を気にせず、ずっと眺めていたいものです。これを人と同じ歩調にするのは難しい。一人旅はまさに自分が気に入った場所に長く滞在したり、逆に居心地が悪いなと思ったら移動したりできる気軽さが私には心地いいのです。

また、旅には自分の感覚をどんどん研ぎ澄ましていく感覚があります。それがいいんですよ。数年前、私が南インド料理にハマって、よく休暇と称して南インドの高級ホテルに数日滞在していたことがあるのですが、その頃、年に一度、私がインドに行くとスタッフが真顔で怯えていました。

「だって先生、海外行くとなんか思いついて急に電話してくるでしょう⁉ あれが怖いんですっ」

確かに、それは事実です‼（笑）

普段の忙しい喧騒から離れて、ぼーっとプールサイドで過ごしていると、ふとアイディアが浮かんできて「これいいな‼」と思いつきのまま、すぐ会社のスタッフ相手にライン通話してしまうのでした。

頭に空間ができると、ふっと心の声が上がってくるのですよね。

これは私だけではなく、多くの人がそうだと思います。

ところが、毎日のＴｏＤｏに追われていると、なかなかこれに気がつけない。ゆったりとした時間と空間が、本当にやりたいことや大事なことに気づかせてくれたりします。自分だけの時間と空間が。人生にとって大きな気づきを与えてくれることは間違いありません。

確かに結婚して家庭に入り、子育てしていると「一人旅」なんて思いつきもしないかもしれません。でもいくつになっても、遠くの友人に会いに行ったり、見たいものを観に行ったりする旅を実現させても良いんですよ。

人生は一度きりなのですから。

たとえば、若い頃行ってみたかった国や場所はありませんか？　美しい街並みが魅力的なヨーロッパや、大自然が広がるグランドキャニオン、どこまでも青い海が広がる離島のモルディヴ……。世界遺産を巡るのもいいし、近場の温泉にゆったり行くのも良いですよね。

国内でも海外でも「行ってみたいな」と思う場所は意外とあるものです。

1白2日も難しければ日帰りだっていいんです。今も胸がときめくなら、ぜひ計画して行ってみましょう。周囲の目が気になって考える「一人旅なんて変に思われないかしら?」の心配ならご無用。意外と他人は自分を見ていないものです。

一人旅のハードルが高ければ、まずは1人でカフェやレストランに入ることから始めてみるのもいい手です。それも知らない場所なら、あなたにとっては立派な旅の第一歩になります。

「恥ずかしいから行かない」は一生の後悔になるかもしれません。一時の恥なんて本当にそのときだけなのですから! こだわっているのは自分だけ。旅の恥はかき捨てとはよく言ったものです。どんな些細なことでも興味があったら行ってみてください。それが自己探求だと私は思います。

旅と聞くと良いイメージしか浮かばないかもしれませんが、私も過去には、いろいろな失敗をやらかしています。

20代の頃にNYから空港に向かうタクシーで財布を忘れたり(支払いした後、慌ててタクシーに置いてきたみたい)、インドに行ったときに、空港前のタクシーを拾った際に行先を間違えられまくり、あげくに高速で逆側のガソリンスタンドで給油しだして、インド人と本気で大喧嘩したり……。

もう、今思い出せば全部笑い話です。

それも過ぎれば、ただの「経験値」。失敗というより「いや〜いい体験したわ」と常に思っています。

旅って本当に自分を成長させてくれますよ。

一人旅、大いにおススメです。

あえて何もしない旅がくれるもの

おおよそ旅に行くときは目的を決めていく場合が多いですよね。

たとえば、バルセロナにサグラダ・ファミリアを観に行くとか、ローマで有名な映画の撮影地を訪ねるとか、ＮＹで本場のミュージカルを観劇するとか。そんな目的型の旅も自分のやりたいことを達成するのだから最高です。

でも、自分との会話を楽しむなら**「何も決めずに行く旅」**もまた、とてもいいものです。私の人生で本当に大きな転機になったのが、オーストラリアのバイロンベイに住む友人に会いに行ったときの話。前著（『大丈夫、死なないから。』）でも書かせていただいたので、ここではあまり詳しく書きませんが、自分の価値観を大いに変えてくれた記憶に残る旅となりました。

当時の私は、もう本当に仕事に追われてワーカホリックな状態。朝起きたらすぐにマックブック（パソコン）を開き、夜になって寝落ちするまでキーボードを触っている毎日。旅に行くときも仕事を積みすぎて、本来ならとても行ける状況ではありませんでした。ですが、友人がオージーと結婚してオーストラリアに移住すると聞き、半年前からエアチケットを買っていたので、「もう行くしかない！」と腹をくくりました。忙しいなか、なんとか無理やり2週間のお休みを作りました。

当時の私にすれば「2週間の海外」なんて、もう清水寺の舞台から飛び降りるくらいの覚悟が必要でしたし、「2週間も休むなんて」と心のどこかに負い目を感じながらの旅行でした。

そうしたらどうでしょう。バイロンベイに着いたら現地の友達にこう聞かれました。

「いつまでいるの？」

「2週間よ」

「え!?　信じられない！　2週間？　短すぎるよ‼」

目を丸くしながら、びっくりしたオージーたちに言われたものです。海外では1か月くらい休暇を取るのが当たり前だということを初めて知りました。

朝日が昇る頃に波があれば海にサーフィンに行き、夕方になれば、ほとんどのお店が閉まるので、18時には自宅に帰って家族と夕飯を摂る……。そんな生活が当たり前の街がバイロンベイ。急ぐ人なんて誰もいません。

私の友人は毎晩2時間かけて夕飯を作っていました。彼女が育てた裏庭にある家庭菜園から野菜をもぎ取り、毎日新鮮な野菜で出来立てのご飯をいただきました。

私もオージー生活に倣って毎日何をするのかを決めず、その日暮らしで、疲れたら海に入ってのんびりさせてもらい、おかげでようやくこの旅で自分がいかに時間に追われる生活をしていたのか気づくことができました。

何も予定を立てない2週間だったからこそ、「あぁ、自分にとって本当に必要なものは休むことだったのか」と気づけたのです。

誰もいないゴールドコーストの波打ち際で、寄せては返す波を見ていたら急に、「自分はなんて些細なことで悩んでいたんだろう」と思いました。そして帰国後、1人で抱えすぎている仕事を手放すことを決め、駅前で運営していた大きなヨガスタジオを手放し、駅から離れた10坪ほどの小さなテナントに移転して再出発をすることができました。

自分が本当に大切にしたいことを大切にするという当たり前のことにようやく気づけたのです。

この旅に行けたからこそ、帰国してからも食事を丁寧にとることや、自然と共に生活することがとても大切だと意識できました。忙しくなると、ついまた簡易的な生活に戻りがちですが、人生のなかでとても意味のある旅となりました。スローライフをすでに実践し、私に教えてくれた友人にはとても感謝しています。

この旅以降、海外に長期で行く際はホテルではなくて、キッチンがついたアパートメントタイプの宿を取ることが多くなりました。海外の外食も楽しみなのですが、あまり続くと胃が疲れてしまうので、なるべく気が向いたら自炊ができるようにしています。

おかげさまで「海外旅行に2週間は短いらしい」というのも記憶に刷り込まれていたので、5年前に初めてイタリアとスペインの旅行を計画したときは、3週間の休みを取って行きました。このときは、「3週間も取ったぜ！　えっへん！」みたいな感じで旅に出ましたが、実際は広いヨーロッパでは時間が足りません。そりゃそうですよね。体験してみないとわかりません。

この3週間は、主に「建築」と「美術館」巡りを中心に、ローマからフィレンツェ、ベネツィアを周り、スペインへ移動してバルセロナと南スペインのセビリアにも行きました（あらためてこう書くとかなりあちこち行った旅です）。

しかも海外に3週間。さすがに移動に疲れが出たのか、旅の後半のセビリアに着いた頃、一気に体調が悪くなって熱が出てしまいました。

そこでもアパートメントタイプの宿に泊まっていたのですが、本来なら2泊の予定が3日目になっても移動できそうにありません。バルセロナからもかなり距離があるセビリアなのですが、旅のガイドブック『地球の歩き方』によると「世界最大級の木造建築メトロポール・パラソル以外には、大して見どころもないので2日あれば十分」なんていう前情報だったため、最初は短めの滞在予定だったのです。

ですが2日目に次第に声も出なくなり、絶不調だった私は、体調が良くなるまでアパートメントに延泊させてもらいました。気づいたら結果的に、この小さな田舎町には6日以上もステイして、セビリアをいちばん堪能することになりました。

でもね、これが良かったんです。都会のように慌ただしくないし、治安もいい。現地に慣れるにつれて、まるでローカルのように生活していました。大きな教会が目の前にあるスタバで手帳タイムをしたり、地元スーパーで買い物をしてアパートメントで夕飯を作ったり。

またセビリアはフラメンコでも有名な街なので、実力のあるダンサーが集う劇場に行ったり、サングリアが美味しいレストランが気に入って、その6日のうちに2度も食べに行ったり、町の小さな美術館に行ったり。

「良い街だなぁ」

なんて思いながら過ごせました。たったの2日では、この町の良さには気がつけなかったはず。これも予定を詰めない旅だからこそできた、思い出に残る旅となりました。

具体的に決めないぶらり旅の良さは、ここにあります。たま〜に自分に長めの夏休みも企画してみましょう。

そのときしかできない20代、そして40代の旅とは

私が初めて自分で海外に行ったのは19歳の頃。アルバイトで貯めたお金をもとにNYへ行ったときの旅でした。今からもう25年以上も前の話なので、当然スマホもない時代です。

NYへ行った理由は、ミュージカルが大好きだったから。高校生からダンスを習い始めた私にとって、エンターテイメントの本場NYは「絶対行きたい場所」だったのです。しかし、25年も前に19歳の女の子がスマホもなく、NYを歩き回っていたことを考えると相当な度胸ですよね。今思うと、とても同じ行程では行けそうにありません。まさにそのときにしかできない旅、です（怖いもの知らずとも言う）。若いからこそできた思い出に残る旅でした。

幸いなことに高校も短大も英語科に進んでいた私は、通常の会話なら困らない程

度に話すことはできました。泊まった宿もいわゆるYMCAみたいな安宿に泊まり、シャワーをひねったら水しか出ない！　なんて劣悪な環境でしたが、刺激的なNYの街にいられることが幸せでした。本場のミュージカルを観られる幸せに浸りながら楽しく過ごしました。

当時は、チケットの予約も電話が主流だったので、宿から果敢に英語で電話しながら予約するしかありません。このときに「あ、顔が見えずに発音だけで伝えるって、こんなにも大変なんだ！」と電話の難しさを痛感しました。根気よく私の名前のアルファベットを聞き取ってくれた電話の窓口担当さんに感謝です。

あの旅で観たミュージカルは、主人公がエイズになって葛藤する様子を描いた『RENT』、超絶話題になったパフォーマンスショー『BLUE MAN GROUP』や『STOMP』などです。ミュージカルのセリフはすべてが英語なので、さすがに全部を聞き取れずに苦戦しましたが、隣に座っていたマダムが優しくストーリーを教えてくれました。旅って、行ってみれば何とかなるものです。

当時のエピソードなのですが、「外で地図なんて開いていたら旅人だとバレて悪い人に騙される」と本気で思っていたので、出かける前に地図を読み込んで頭の中に叩き込み、地下鉄を乗りこなしながら、なんとか行きたいダンススタジオにたどり着けていました。今考えると、どうやって行けていたのか⁉　今ではもうグーグルマップなしではどこへも行けません。

便利になった分、自分で頑張らなくていいので、間違いなく旅行中の嗅覚は20代のほうが優れていました。自分でも自覚があるのですが、昔より今のほうが方向音痴になりました。良いのか悪いのか、便利も考えものですね。

もしこの本をお読みになっている方で「ええ⁉　20代はとっくに過ぎているし、行ったことのない場所に行くなんて無理無理！」とは思わないで。

人生で今日がいちばん若いのですから。

行きたいと思った日が行くタイミングです。本当に死ぬまでに行きたい場所のリストアップをしてみる。行くかどうかわからないけれど、ただ思いつくまま書き出してみる。これも書いてみると自分が見えてきていいものです。

それは「こんな所に行きたいと思っていたんだ」と自分を知る一歩にもつながります。空想も妄想も現実化していくための楽しくて必要な作業です。

無謀な20代の旅も、そのときだからできるもの。もし自分の子どもが海外に行きたいと言い出したら「行っておいで！」と背中を押せる自分でありたいものです。

では**「40代になって旅のスタイルがどう変わったか？」**について話したいと思います。

基本的に、今もエアチケットやホテルは個人手配です。私、ツアーに申し込んだことがないのですよ。ツアーの団体行動より、個人の気楽さの優先順位が高いのです。もし言葉が不安なら、最初はツアーにしてみることで海外の様子を探るのもいいかもしれません。

〝一人旅〟は私の旅の基本的なスタイルなので「これが最適！」ではありません。あくまで私にとって快適な旅ゆえ「いいな」と思われた箇所だけ皆様の参考にしてくだされば幸いです。

海外では基本的にホテルはちょっと良いところを取るようにしています。宿に関しては「寝るだけなんだからどこでも良くない？」と考える人もいますし、何にウエイトを置くかだと思います。

ホテルとは、自分がカラダを休める場所なので、私はなるべく「広い場所がいい」というこだわりがあります。旅先でも自分自身のエネルギーを高くしておきたいので、気の流れが良さそうな部屋かどうか、平米数がどれくらいか、また口コミもけっこう読みます。私はホテルステイを楽しみたい派なので、各ホテルの内装などもよく見たりします。

仕事やプライベートの充実度からも宿への選択肢が広がった40代。若いときにはできない贅沢ですよね（笑）。これまで頑張ってきたのだから自分へのご褒美のつもりでホテルを取ります。

また旅のプランも「観光地に来たのだから一気にワ〜ッとあちこち詰め込みで巡る」というよりも、ゆっくりプールサイドで読書をしたりする旅に変わりました。

もし、見どころを見逃したとしても「また来る楽しみにしておく」という考えにしています。ホテルでまったり過ごして、お腹が空いたら現地の美味しいものを食べに出かける……これも素敵な旅です。

2～3泊なら優雅なホテル、1週間以上の長い旅なら、もう断然、家具付きのアパートメントタイプの宿に泊まります。

「Airbnb（エアビー）」というサイトからたくさんの宿を検索できます。リビングもあるし、調理器具もあるから暮らすようにステイできるのが良いところ。

一点だけ注意するとすれば、ヨーロッパの洗濯機は日本ほど高性能ではないので、たまに不具合があったりしますが、そこも海外あるあるです。「洗濯できたらラッキー！」くらいの広い気持ちでいきましょう。

そんな感じで「思っていたのと違う！」なんてことも昔より怒らなくなって丸くなりました。年を重ねて私も大人になったんですね（笑）。

今はスマホもあるし、旅好きの方のブログやSNS、YouTubeなどで、事前にたくさんの情報が得られます。40代は40代にしかできない、50代は50代ならではの旅があります。いくつになっても旅はいいものです。

※「Airbnb（エアビー）」 https://www.airbnb.jp/

千草的行くべき美しい建築探訪

よく「おススメの国はどこですか？」と聞かれたりします。何をもっておススメするかで全然変わるので本当に安易には答えられませんが、あくまで「**青木千草的おススメ**」として、多少は好みの偏ったおススメになります。了承いただいたうえで読んでくだされば幸いです。

私は自他共に認める**建築オタク**。ゆえに世界的に知られている建築を見たくて、あちこちに行った経緯があります。建築は環境をつくり、その国の文化をも創ります。その建物の歴史を知ったり、どんな建築家が、どんな思いで造ったのかを考えるのが好きだったりします。

テーマが「**建築を見る・味わう**」なら、スペインは本当に見どころが満載です。なんせ天才アントニ・ガウディ（1852年〜1926年）を育てた国ですから。

また人生の幅を広げたい、人生観を変えたいならインドがいいでしょう。のんびりしたビーチに行きたいなら日本人が多いハワイのワイキキよりも断然**フィジー**がおススメです。

いろいろなおススメがありますが、ここでは建築とアートをこよなく愛する私からのおススメをご紹介させてくださいませ。

まずは、私のお気に入りの建築から行きましょう。

みんなが憧れるスペインバルセロナにあるサグラダ・ファミリアは、きっと多くの方の「死ぬまでに行きたい場所」に入っているかもしれません。私もあの美しいステンドグラスからこぼれる陽の光が大好きです。

でも、実は私のいちばんのお気に入りは、サグラダ・ファミリアではなく、同じガウディが手がけた**カサ・バトリョ**。ジュゼップ・バッリョ・イ・カザノバスの依頼を受けて増改築して創られた邸宅です。

カサ・バトリョは外見もまっすぐではなく、外壁は窓も壁もうねって曲線を描いています。1906年に改築されたと聞いているので、この斬新な建築がそんな昔

サグラダ・ファミリアは、スペインのバルセロナにあるカトリックの教会。建築家アントニ・ガウディの未完成作品なのです（生前は全体の４分の１まで携わったとか)。2005年にユネスコの世界文化遺産に登録されました。

に考えられたなんてにわかに信じがたいです。ガウディ建築の特徴である曲線をしみじみと余すことなく随所に体験できる邸宅です。

ここが好きなのは、ガウディがいかに自然の美しさを建築に取り入れようとしていたかが家のどこを見ても感じられるところ。真ん中にある青いタイルの吹き抜けは海をイメージしていて、下から上に行くほど濃い色の青いタイルを使いながら海底をイメージしています。

風が通りぬけしやすいように考えられた木の通気口や、アートを模した煙突。いかにガウディが自然に魅せられていたのかを理解する彼の有名な言葉があります。

「自然が作り上げたものこそが美しい。我々はただそこから発見するだけだ」
「自然界に直線は存在しない。直線は人間に属する。曲線は神に属する」

アントニ・ガウディ

この言葉を聞いてカサ・バトリョを見ると、どこを切り取ってもガウディが表現したいものが詰まっている家であることが納得いくと思います。

バルセロナの街に行けば、サグラダ・ファミリアにカサ・ミラ、グエル公園など、天才ガウディが手掛けた建築が至るところにあるので魅力がつきません。

ですが、まずこのカサ・バトリョに行くのを忘れないでください。

入館料は日本円だと現在5000円以上するので、ちょっとお高いのですが、2021年にリニューアルした際に地下にプロジェクションマッピングが観れる部屋が用意されており、それの観覧料込みということです。

その名もガウディ・キューブ。「**ガウディの頭の中**」みたいなタイトルでした。360度の画面がすごい迫力で目まぐるしくアートを繰り広げます。まさに**チームラボ**のようです。かなり没入感があり、壮大な体験ができるので、デジタルアート好きな方には必ず訪れてほしいです。ちょっとしたアトラクションに乗った満足感が得られますよ。

王道のガウディ建築以外には、ガウディのライバルと言われた建築家**リュイス・ドメネク・イ・ムンタネー**（1850年〜1923年）が創った**カタルーニャ音楽堂**も

普通に考えて、お家を作るとき、こんなにも曲線を使うってないじゃないですか。まるで手で作ったような曲線美、湾曲している感じがすごく興味をそそられます。カサ・バトリョを表から見ると面構えばかりが目をひきますが、内側から見ても光の差し込み具合が考えられているのです。

見逃せません。バルセロナ市内にあるので行った際はぜひチェックしてください。

大ホールにある自然光が入った巨大なステンドグラスは息をのむ美しさです。人気の観光地なので、ふらりと入ることは難しいですが、事前にガイド付きツアーに申し込んでおきましょう。

数年前からどこの観光地も美術館もネットで事前予約が当たり前になりましたね。コロナ禍も明けて、また多くの観光客が戻ってきているので、見逃したくない方はぜひ予約しておいてくださいね。

とくにサグラダファミリアやグエル公園は1日の入場数が決まっているため「もう本日のチケットは売り切れです」なんてこともよくあります。気をつけておきましょう。

カタルーニャ音楽堂の天井を彩る巨大なステンドグラス。こんなに大きくて、キレイなステンドグラスは見たことがないくらいの迫力。圧倒される美しさです。バルセロナ＝ガウディしか見ない人もいるので、ここはぜひ訪れて見ていただきたいですね。

さて、王道の紹介が終わった後はニッチな建築、行きやすい場所もご紹介させてください。まずは国内から。

あくまで私が好きな建築で言うなら、**安藤忠雄さん**の作品がとても好きです。コンクリートの打ちっぱなしで有名ですが、彼の考えや生き方が全部建物に現れていると思っています。安藤建築の潔いまでの、いらないものは全部削ぎ落す、必要なものだけを大胆に使う、どこにでもある建材を使うという、安藤さんの主義が好きなのです。

安藤建築で好きな建物はいくつかありますが、「**水の協会**」がとても好きです。北海道のトマムにあり、ホテル「星野リゾートトマム」に宿泊しないと見学ができないという、なかなかハードルが高い建築ですが、私は本当にこれを見るためだけに友人とトマムに宿泊したくらい大好きなのです（スキーもしないのに）。

この教会は十字架が池に浮かぶように建てられており、協会から十字架を見る際は、大きな窓がウィーーーンっと鳴りながらゆっくり開き、浮かんだ十字架が水面に映り込むことで、なんとも幻想的な雰囲気を味わうことができます。

建築好きでなくともこれにはうっとりするはずです。スキーが好きな方、北海道旅行が好きな方、何かのタイミングでトマムに行くことがあれば、ぜひここは訪ねてほしい場所です。


もうひとつ私の好きな建築をご紹介します。瀬戸内海にある直島という小さな島にある**「地中美術館」**も安藤さんの建築です。

ここが好きな理由は、クロード・モネの大作「睡蓮の池」を飾るために作られた部屋があるからです。2×6メートルの巨大な作品です。自然光でこの絵を鑑賞できるように何度も何度も検証され、視線を遮らないように壁もムラなく丁寧に白色で塗られ、床には70万個もの2センチ角の大理石が敷き詰められています。

この部屋に入るには汚れないよう靴を脱いで鑑賞するのがルールでした。

見ることを徹底的に優先した空間。これは鑑賞せずにはいられないはずです。印象派のモネがとても好きな私にとって、ここは最高に大好きな美術館です。

また、もうひとつニッチな建築を挙げるなら、韓国東大門にある**「東大門デザインプラザ（DDP）」**。これは日本で話題になった新国立競技場を元々デザインしていた世界的な女性建築家**ザハ・ハディド**の建築です。予算の関係で彼女の設計は頓挫してしまいましたが、私は彼女の宇宙船を思わせる未来的な曲線がたまらなく好きです。もし、彼女の建築が日本に出来ていたら間違いなく世界から注目を浴びる建物になっていただろうと言えるくらい影響力が強かったのではと思います。

それは今や、この東大門のランドマークになった「東大門デザインプラザ」が物語っていると思います。建築当時、そのあまりに奇抜で風変わりなザハの建築は、地元民の強い反対にあったそうです。「景観にそぐわない」とかそんなコメントですね。

この建物は、アートホールと言われる催事場、ミュージアム、ビジネス拠点のデザインラボ、ショッピングエリアなどから構成されています。

まさに、いろいろなものを融合しているからこそ、この宇宙船のようなフォルムがマッチしています。

ヨーロッパに行くトランジットでたまたま韓国に寄った際にこの建物を見たのですが本当に度肝を抜かれました。見た目にはアルミパネルが外壁一面に使われ、内装は真っ白で曲線で階段も廊下もゆるやかなカーヴを描いている。

２０１９年に訪れたのですが、たまたまポール・スミス展が行われていてふらっと立ち寄ったのを覚えています。

このときにザハの建築が好きになり、彼女のほかの建築も調べましたが、どの作品も美しい曲線を描いており斬新なデザインです。

好きが高じて彼女の設計したイタリアのローマにある美術館**「イタリア国立21世紀美術館（MAXXI）」**を訪ねたくらいです。建物の3階（？）部分に乗っかっている反りだす巨大な窓がとても印象的な美術館です。もちろん内装も素晴らしく、エントランスも階段も廊下も、すべてがザハらしい曲線を描きまくっています。吹き抜けの空間も開放感にあふれ、美術館自体がアートなのです。

ここに展示されているものも、21世紀の建築とアートをテーマにしたものです。建築好きにはぜひ行っていただきたい場所です。ローマの主要な観光地に飽きたら少しローマの北にある「国立21世紀美術館（MAXXI）」はとてもおススメです。少し中心街から外れるので、人も少なくゆったり見られる良い場所です。

この他にもいくらでも「今まで見てきた素敵な建築」はあるのですがキリがないのでこの辺で終わりにしておきましょう。もし、この情報がきっかけで「今まで興味なかったけれど、行ってみたい！」なんて人がいたら本当に幸いです。

曲線が美しいソウルの「DDP」

たまには自分で選ばない選択をしてみる

旅行って当たり前ですが「自分の好きなところに行くもの」ですよね。興味がある場所や前々から気になっていた場所に行くのが旅ってもんです。

私も、もれなくそう思っていました。で、す、が!!

これを覆す大きな出来事が2023年冬に私に訪れます。

自分では絶対選ばない、興味もないことを選択する、興味がない国に行ってみるを体験しまくったのです。この体験は自分を大いに成長させてくれました。

それは何かというと……〝年商億超え社長しか入れない〟というとんでもない経営者塾に入ったのです。知人の紹介で入塾したのですが、入塾の条件もさることながら、やっていること(内容)が今思い返してもぶっ飛んでいました。

2023年は、まだまだ日本ではコロナ禍が続き「海外旅行なかなか行けないよね～」なんていう空気がありました。が、その経営者塾のコミュニティでは、その概念をぶち壊す貴重なチャレンジを体験させてもらったのです。

この塾では、年に4回海外研修があります。しかも、すべて聞いたことないようなニッチな場所での研修です。

塾長からは**「みんなが普段選ばない国を選ぶ」**と言われていました。だって、メジャーな観光地なら1人で行けるじゃないですか。海外研修では、自分の選択では絶対行かない場所を選んでくれていたのです。

参考までに、この塾で1年間に行った国や地域を挙げると、アフリカのヨハネスブルグ、ケープタウン、クルーガー国立公園に隣接する私営地サビサビ、ジンバブエ、ザンビア。ほとんど西サハラエリアだと言われるスペイン領のカナリア諸島、モロッコ、フィジーの本島ではなく、そこからプロペラ機で行く小さな離島のサブサブ。ね、あまり聞いたことがない地名ばかりです！

大体「そこってどうやって行くの?·」という「?·」がいっぱいの状態からスタート

トです。ほとんど日本から直行便がない国ばかり。乗り換えが必ずあるので、フライト時間は25時間から31時間以上かかるものばかりでした。

しかも、旅程の情報がギリギリまで公開されなくて、ほとんどミステリーツアー。言われたことと言えば、ざっくりと次のひと言くらいです。

「カナリア諸島のリッツカールトンに15日の17時集合!!」

もちろんエアチケットやビザの発行なども、すべて自分で手配しなくてはなりません。サバイバル感満載です（笑）。

でもね、この研修のおかげですごく強くなれたんです。コロナ禍で3年間まったく旅行していない私の、旅の感覚がだんだんと取り戻されるだけでなく強化されました。

逆を言えば、強制されないと、あのタイミングで海外に行かなかったかもしれないし、外に出ていこうなんて気にはなれなかったかもしれません。

ものすごく感謝です。

経営者にとって安心安全領域にしかいないことは、成長を妨げます。もう少し言うならば「現状維持は衰退！」とよく言われます。

もちろん現状維持も大事なことだし、この不景気に去年と同じ利益をキープしていることも素晴らしいことです。でも、この経営塾にいると「言い訳できない境地」を味わうことが何度もありました。

好奇心やチャレンジ精神。それはいつまで経ってもなくしたくないものです。

どんなことも、たとえやったことのないことも楽しむ自分でいたほうが人生楽しいですからね。

さて、この経営者塾でのいろいろな思い出があるので語っていきましょう。

まず、入塾して一発目の海外が「**アフリカ**」でした。行くことあります？　アフリカ。ＴＶ番組でしか見たことや聞いたことのないような場所に自分が行くことになるとは……人生何が起こるかわからないものです。

一発目のアフリカは楽しくもあり、人生初体験をたくさんしました。

まず、たどり着いた都市がヨハネスブルグ。実はここ、世界でいちばん危ない国ランキング1位の国・南アフリカなんです!! ＹｏｕＴｕｂｅとかネットにも、たくさんの情報が出ているのでご覧ください（泣）。

行きたくはないですが、最初の目的地である同国内のサビサビに行くにはどうしてもここでトランジットしなくてはならず、しかも飛行機の時間の都合上、ヨハネスブルグに一泊してから翌日のフライトでした。ひ〜〜怖い!!

妹がアフリカに行ったことがあるので、出発前に口を酸っぱくして言われたのが、「治安はマジで良くないから気をつけて！　腕時計して行ったらあかんよ。腕切られるから」ということ。

目を見ひらいてびっくりしました。実際にヨハネスブルグでは本当にガチで治安が悪く、男性陣が夜に飲みに行こうと街に繰り出そうとしたら「ＮＯ!!」とホテルのスタッフに通せんぼされたそう。男性だろうが夜の街に出るなんて、あり得ないくらいヤバいってことです。

そこで、私は空港直結のホテルに泊まり、無事に一夜を過ごし、空港にウヨウヨいる、やたらお金をたかってくるポーターもどきのメンズを押しのけて（正式な空港スタッフのふりをしているんだよね）なんとか国内線にチェックイン。これで平和ボケしている日本から緊張感ある海外に来たなって感じがむちゃくちゃしましたね……久しぶりに。

翌日、指示された先に移動して待っていたのは、自然動物がたくさん見られるということで有名なクルーガー国立公園。訪問してからわかりましたが、サファリツアーができる旅だったのです。

そして、滞在するホテルは五つ星級のサビサビブッシュロッジ。

私を空港に迎えに来たホテルのスタッフが「ミス青木？　もう一組夫婦がいるから待ってね」と言って、私以外のピックアップする方がもう1組おられました。

そこで私の視線の先にいたのは、イギリスから来たという仲良さそうな上品な熟年夫婦。なるほど……こんな方たちが泊まる宿なのね、とその時点で確信。そう、宿で日本人のガイドさんが付いてくれて説明してくれましたが「クルーガーのなかでもサビサビなんて超高級ホテルなんですよ」と教えてくれました。後で調べましたが、なんとそこは1泊1人10万円はくだらない超高級ロッジだと。

そこに3泊していたので、まぁ確かに自分では選べないホテルです（苦笑）。


このホテルは、3食プラスアフタヌーンティーもすべてインクルーシブ。この宿の周りはすでにもうサバンナで、野生動物しかいない場所なのです。食べさせていただくご飯も美味しかったです。

朝早くと夕方には大きなジープに乗ってサファリツアー。想像を超える野生動物に1メートルの距離まで近づきます。本当にもうライオンキングの世界。ライオン、ヒョウ、象、サイ、バッファローなど、ビッグ5と言われる危険な大型動物も真近で見ることができました。

夜には天蓋付きのベッドで寝るという「これでもか！」なラグジュアリー旅をさせていただきました。ヨーロッパの富裕層のお客様が多いということなのでその辺のニーズを合わせているんだと思います。

私はこれでアフリカのイメージが一気に変わりました。またいつか、老後にゆったりする旅をここで過ごしたいなと思うくらい。

しかし、素敵なサファリ旅の後、さらにラグジュアリーな体験が続くわけでもないのがこの経営者塾ならでは。

この後、世界三大瀑布といわれるビクトリアフォールズに行き、滝しぶきに打たれた後はなんと！　落差100メートルはある滝のふちで泳ぐという、とんでもないアトラクションが付いていました。

TVでも放送されたことがある有名なその名も「デビルズプール」。滝の落ちる手前の半径3メートルくらいのエリアが壺になっていて、そこだけ水深が深く流れが穏やかなのです。ええ、その滝のふちに命綱なしで身を乗り出し写真を撮るという、まさにクレイジー。さらにこの後も、冒険は続き、ビクトリアフォールズの勢いが続く川でラフティングが待ち受けていました。

このラフティング、世界有数の危ない川だったみたいで、ラフティングの猛者が挑むスポットだったようです!!

流れが強すぎて右も左も激流なので、一度ボートから振り落とされたら洗濯機の渦にのまれたように自力では上がってこられません。ええ、私、泳ぎが苦手なのにこれやりました。

そしてお決まりのように激流スポットで振り落とされ、水を蹴っても浮かび上がれない絶望感ったらなかったです。死んだと思いましたね、本当に。

すぐにボートのガイドスタッフが私を引き上げてくれ、なんとかなりましたが、40歳を超えて「死ぬかも」なんて思い、なかなかしません。命があることに感謝です。

こんな感じで自分では選ばない旅の連続でした。でも、行ってみないとわからないことばかりです。

次に訪れた大きな町がケープタウンというアフリカでも南端の街。治安は良くないと確かにガイドブックにも書かれています。ところが実際に行ってみるとショッ

デビルズプールにて。ガイドしてくださる方のアシスタントさんが、私の足首だけを持っています。自分からジェットコースターやバンジージャンプはやらない私が頑張りました（笑）。「とにかく滝の下を見ないこと！」に徹しました。音と水しぶきがすごかったのを覚えています。

ピングモールの中は安全でしたし、いろいろな肌の色をした人がたくさんいて、多様性を認め合っている町でした。近づいてはいけないエリアも確実にあるのですが、街を団体行動している分には問題なかったです。

これも「行ってみて肌で感じないとわからないことばかりだな」としみじみ感じました。

この他にもたくさんの国に連れて行っていただきましたが、確かに自分では行かない国ばかり。自分の選択肢にない場所は自分の領域を増やすのだな、とひしひし感じました。この体験を通して、私はますます心臓に毛が生えた気がします。

「危ない、危険」「怖い、無理」も多くは自分の思い込みであることがほとんどです。

たとえば、私はインドが好きで南インドに4回以上旅行していますが友人には、

「インド!? 私には怖くて無理だわ」

と言われたりします。お水が怖い、お腹を壊す、汚い、騙される、みたいなイメージなのでしょうか。実際、北インドより南インドは治安がいいし、**パレスホテル**と言って元宮殿をホテルにしたとんでもない高級ホテルが点在していたりします。

知らないから行かない、のではなく、知ってみるのが自分の器を広げる第一歩かもしれません。ぜひ今度、ご友人や何かで今まで行ったことのない場所に誘われたら、飛び込んでみてください。そこには新しい世界が待っていますよ。

理不尽が自分を成長させる

旅での経験値は本当にプライスレスですよね。いいことはもちろんなのですが、実は思うようにいかない理不尽なことのほうが人を成長させてくれます。

「なんでなの!?　あり得ない!!」

大体は理不尽な思いをしたことのほうが強烈に印象に残っています。

そんなことが起こる度に「日本ってなんて素晴らしい国なんだろう」とつくづく思い知らされます。

日本にいれば当たり前すぎて気づかないのですが、時間どおりに電車やバスが来る、1分でも遅れたら遅延の謝罪があって迅速な対応がある。1万円以下の安いビジネスホテルでもちゃんとお湯は出ますし、部屋が清潔なのがスタンダード。ホテルでの丁寧な接客も当たり前です。でも海外から見れば、日本の文化や日本人の礼儀正しさ、誠実さは、類を見ないほどクオリティが高く、本当に日本が誇るべきポイントです。

自分を成長させるいちばんの国は、私にとっては間違いなくインドでしたが、行ったことない方は、ぜひ人生で一度は行ってみてほしいです。

インドほど、ハングリーな国ってあるんだろうかと感じます。

今まで渡航して出会った事件を書いていきますね。

私がいちばんよく行ったことがあるのが、インドの南の国際窓口である**チェンナイ国際空港**。しばらく行っていない間にリニューアルしてキレイになっているそうですが、空港を出た瞬間、タクシーの客引きにあいます。ちなみに北にあるデリー国際空港のほうがより都会なのと客引きもよりキツいので気をつけてください。

客引きはどこの国でもありますが、私の経験上、インドがいちばんしつこい（笑）。諦めが悪い方が多いですね。空港の正式なイエロータクシーでさえ、乗ろうとしたら「タクシー乗るんでしょ。荷物持ってあげるよ」と名札をつけた担当のスタッフが荷物をガラガラ引いてくれたかと思ったら、タクシー乗り場に着いたとたん「こいつが運転するから！　じゃ、チップちょうだい」と荷物運び代を請求される。

この人が運転するんだと思っていたら、運転手は違う人にバトンタッチ。彼は本当に荷物を100メートルくらい引いただけ。ちなみに20ルピー渡そうとしたら「少ない!!」と言われました（がめつい）。もう、到着早々もめたくないのでもう数十ルピーをおとなしく渡しました。100メートルくらいですよ。悔しい〜〜。


またあるときには、空港に着いたとたん強烈な雨が降ってきて、タクシー乗り場が長蛇の列になっていました。空港近くのホテルに移動するだけだったのですが、肝心のタクシーがなかなか捕まらない。どうしようかな、と途方にくれていると、「ラディソンホテルに行くのかい？　俺が送るよ！」と近寄ってきた男性に言われ、最初は断ったのですが「あのタクシー列では1時間は並ぶよ。送ってあげるから」と言われ、もう仕方ないと思い覚悟して彼のタクシーに乗りました。

普段なら乗ったとしても必ず値段の交渉をするんですが、もう旅の後半で疲れ切っていてその元気もなかったので言われた金額をおとなしく払いました。日本円なら2千円くらいでしょうか。でも翌日、インド人の友人に「え？　いくら払ったの？　信じられない。それ普段の倍の金額だよ‼」

と言われたり。やれやれ、やられました。

そんなことは日常茶飯事です。だんだんこちらも図太くなってきて、鍛えられます。たとえばインドの街中で「〇〇の寺院に行きたい」とトゥクトゥクがたくさんある場所で言うとワラワラとドライバーが集まってきて、

「俺は100ルピーで行けるぜ」

「俺は80ルピーだ！」

「俺は60ルピー‼」

と俺も俺もになり、結果、いちばん安く提示されたトゥクトゥクに乗ったりしました。インドでは日本人だとわかるとトゥクトゥクは大体ローカルプライスの2倍は当たり前です。それも最初から知っておくと腹も立ちません。

「お金はあるところから取る」という概念なので、本当にたくましい人たちです。

あと、海外でお料理やサービスの提供の速度が遅くてしびれを切らした経験もあります。南アフリカのケープタウンの高級ホテルにステイしていたときのこと。ランチタイムは塾長のコンサルティングが受けられる貴重な時間です。少しでも時間を有効活用したくてホテル内のレストランでシンプルなハンバーガーを頼んだのになんと、20分待っても40分待っても来ない。しまいには1時間のコンサル時間も終わってしまい、最後までランチが来なかったことがありました。悲しい。これ、ほんと海外あるあるです。

フィジーでもそうでした。オーダーが忘れられたりとかもしょっちゅうです。フィジーの高級ホテルは大概エリアがとても広大なので、敷地内をバギーが運行してくれています。フロントから部屋までも1キロくらい離れていて割と距離があるのですよ。イメージはゴルフ場のバギー。必要な際は、部屋からフロントに電話して呼ぶスタイル。

「チェックアウトしたいからバギーをお願い」

とフロントに電話すると、

「OKマダム。すぐに参ります」

ところが威勢良く言う割には、15分待っても20分待っても来ない。しばらく我慢して30分くらいは余裕で待ったときもあります。しびれを切らして、もう一度しつこくフロントに電話すると「すぐに参ります！」と言われ、またさらに10分か15分も待つ……。そんなこともよくあります。

遅れてきたスタッフも悪びれもせずにニコニコして「フィジータイムね!!」と言うだけ。はい、怒る気も失せます。こうして自分の器を広げられるのか、と本当に勉強になります。ね、迅速に動いてくれる日本って素晴らしいでしょう？

あとはヨーロッパでの宿で、アパートメントタイプの宿を利用するときの注意点も。大概、普通のアパートメントを宿に貸し出しているパターンが多いので、まず玄関にロックがかかっていて建物に入れないことがあります。事前に暗証番号が送られていることがほとんどなのですが、まれに届いていないこともあります。もしくは番号はわかっているのに開かないとかね。

そんなときはどうすると思います？　そう、オーナーさんや管理人さんに直接、電話をかけるしかありません。もちろん英語で！

昨年、バルセロナに4泊くらいしたときの話。

どこにでも歩いて観光できるようにカタルーニャ音楽堂の近くのアクセスが良い宿を予約しました。口コミも好評で、なかなかキレイなアパートメント。ところがどっこい、場所がわかりにくくって。

ホテルではなくアパートメントなので当たり前ですが、これまた表通りではなく、超普通な路地にあるものだから、グーグルマップを使っても何度も通り過ぎてしまいました。やっとのことでアパートメントを見つけましたが、着いたら着いたで正面玄関のゲートが開かない。

意を決して管理人さんに電話しました。幸いなことに、このアパートメントから1キロくらいの場所に管理している不動産事務所があったので、「こっちに来てくれたら手続きするわ。すぐそばよ」と言われて無事に鍵をゲット。昼間の明るい時間帯だったから、それもラッキーでした。仮に夜便で到着して宿に入れないことになったら辛すぎます。

そんなことを友人と話していたら、

「アパートメントホテルはハードルが高すぎる！　ちょっと英語ができないと無理だわね」

と言っていました。確かに問題なく宿にチェックインできたら誰とも話さなくて済みますが、トラブルにあったときに使える英語力は必要かもしれません。

今は便利な翻訳機が皆様のスマホのアプリで使えますから、そんなに怯えなくても大丈夫です。また日本語しか話せなくても「これを伝えたい！」という思いがあって、目と目を見ながら話せば伝わることも多々あります。

私の友人の1人は、英語はまったく話せないけれど、その国の「ありがとう」「こんにちは」だけは覚えていく、と話していました。確かにその言葉だけでも相手から警戒心を解いてもらえることは間違いありません。

やったことない、行ったことがないから成長できる一人旅。
ぜひ最初の一歩を踏み出してみてくださいね。

【私が海外でよく使うアプリを参考までに】

飛行機　エクスペディア　https://www.expedia.co.jp/
最安値とトランジットの時間を確認。エクスペディアで予約せず、その航空会社の正式なＨＰから予約すると座席の指定や変更もしやすい。

宿　ブッキングドットコム　https://www.booking.com/index.ja.html
このサイトから探すことが多いです。ポイントを貯めると1泊無料になったりするので海外ではよく使います。

CITTA的運気を上げる7つの習慣

私が普段、日常的に意識している「7つの習慣」があります。ヨガ哲学から生活をあらためたことや、今までの経験の積み重ねから実践していることを集めました。少しでも参考になったら幸いです。

1 自分との約束を守る

あなたは決めた時間に一発で起きられていますか？　この質問に「うっ」となる人は多いと思うのです。

何を隠そう私自身、学生時代は本当に遅刻魔でした。毎回時間ギリギリに電車に飛び乗るタイプで、息を切らして乗り込んだことも数知れず。ちょっとは早く起きようとそのときは少し反省していても、また翌朝になれば昨日の反省はどこへやら。すっかり忘れて「いつまでも寝ていたい」と布団にかじりついていましたから。

そんな私が変わったのはヨガの師匠のおかげです。ある日こう言われました。

「ヨギーなら、決めた時間に一発で起きなさい。そうでないなら、お前はヨガをやる資格がない」（ヨギーとはヨガをする人のこと）

バシッと言われて青ざめました。当時は、もうヨガの指導者として8年目くらい。それなのに携帯のアラームを3回は止める常習犯でしたので、私は突如、仕事も辞めなくてはいけない窮地に追いやられました。

急いで目覚まし時計を買いに行き、翌日から携帯で起きるのをやめました。

最初は、もう必死で起きていましたが、そのうちそれが普通になり、朝5時前に起きるのが習慣となりました。以前は「時間がないから」と言い訳して後回しにしていたヨガの練習も、気づけば自然にできるようになりました。この体験が「私ってできるんだ！」と自分への信頼値をグッと上げるきっかけとなりました。

他人との約束は他人に迷惑をかけるからと守っているのに、自分のことになるとすっかり後回しだった私。どうしてもっと早くやらなかったんだろう、と思うばかりですが、そんなものですね。体験に勝るものはありません。

ヨガにはサティヤというルールがあります。

サティヤ＝嘘をつかないこと

自分への嘘は絶対ついていてはいけない。これが師匠の言いたかったことなのだとわかりました。あなたもぜひ、起きる時間を決め、その時間に起きてみてくださいね。きっと自分を好きになれます。

2 自分を好きでいること

「お前をいちばんこの世で愛しているのは誰だと思う？」

　こう師匠に言われて浮かんだのは、私の母の顔や息子の顔でした。

　師匠は首を横に振って、

「違う。お前自身だ。そう言えないのならヨギーではない」

　またもやハッとしました。当時の私は、自分だとはまったく思いもつかなかったですから。そう言われたら自分を大切にするのは当たり前なのに、気がつけば生活に必死すぎて、いつも自分を犠牲にして自分を後回しにしているのではないか。

「自分が自分をいちばんに愛する」

　そんな考えを持ったことがなかったなと深い気づきがありました。

　ちょうどこの頃、ＣＩＴＴＡ手帳を初めて制作していたときだったので、

「手帳に嘘はつかないでおこう。自分を好きになるために手帳を使いたい！」

と強く決意したのを覚えています。書いたらやる。言ったらやる。自分をご機嫌にさせてあげよう。そんな想いで手帳にワクワクリストをつけたのです。約束を破っていちばん悲しむのは自分だから自分を大切にするために約束を守る。

自分との約束を守ることは、自分を愛することにもつながるのだと。このとき初めてわかりました。

このルールのことをヨガではアヒムサと言います。アヒムサとは非暴力と訳されることが多いのですが、私の師匠はこう話してくれました。

「アヒムサとは思考でも言葉でも行為でも決して相手を傷つけないことである。その前にまず自分を愛しなさい。自分を愛せないのに、どうして他人を愛せるようになるのか」

「アヒムサとは自分を愛することだよ」

それから私は手帳でも日常生活でもこれを本当に意識しています。

この学びこそCITTA手帳を使う皆様に本当にお伝えしたい真髄です。

3 比べるのは過去の自分だけ

誰かのキラキラしている素敵なSNSの投稿。それを見て自分とあまりに違いすぎて比べて落ち込む……なんてことありませんか？

「千草さんは落ち込まないでしょう？」

とよく言われますが、そんなことありません。ひと昔前は、自分と同じ学校の同級生がとても活躍しているのが眩《まぶ》しすぎて羨ましく思ったり、ヨガの同期の子が自分よりも先生にとても高く評価されていると歯ぎしりをギリギリするくらい悔しがったものです。

ほら、とても人間臭いでしょう？（笑）

今思うと、そんな自分も可愛いなぁと感じますが。当時は周りも自分も見えてなくて必死だったのですね。

でも、よく考えると「羨ましい」「嫉妬」「失望」なんてものは、「自分もそうなれると思う可能性」があると潜在意識で無意識に心に思っているからなんです。

え、そんなおこがましいこと思っていない!! と声が聞こえそうなので、もう少し説明すると、たとえばね、叶姉妹を見て嫉妬する人いますか? あまりにも素晴らしい人は自分とはまったく別の世界の人と認識しているから嫉妬も何もないのです。

でも、自分と元々変わらなかったはずの子が……って思うとやはり嫉妬になるんですよね。たとえお会いしたことがない人でも、自分と似たような境遇だったりするとその人が成功したのを見て「私と変わらないのに」という気持ちになる。

これってね、目線を変えれば「あなたもそうなれる」ってことです。

大事なことは、もし心がざわつく人に出会ったら、「あ、自分はそうなりたいって思っているんだ」と素直に認めればいいのです。

嫉妬も落胆も人間だから思う気持ちなので抑えなくてかまいません。

ただ、大事なのはその矢印を相手に向けるのではなくて、自分に向けてみて、「あ、私は今、嫉妬しているな」「あ、私は今、落ち込んでいるな」ってしっかり自分と会話してみてください。

嫉妬も落胆も、自分に期待しているから出てくる感情なんですよ。その原理がわかるようになってからは私も「な〜んだ、私、嫉妬してるんだ。面白いっ」と客観的に見られるようになりました。

今度から他人と比べて落ち込むときは「私、伸びしろ、あるじゃん」って思ってみてください。これが千草流、「比べるのは過去の自分だけ」です。

去年と比べて1ミリでも成長している自分だったらそれで良し。

ぜひ意識してみてくださいね。

4 不平不満を言わない

「ヨギーというのは不平不満を言わないものである」

これも私のヨガの師匠が言っていたことです。でも当時の私は素直じゃありませんでした。そんなこと言ったって、毎日いろいろありますから。文句を言わないですって？ そんな聖人君子みたいに生きられないってば！

と心の中でとても抵抗していました。

でも後ほど、この教えがいかに大事だったか、じわじわわかってきました。不満を言う人は他人にしか矢印が向いていません。他人と環境のせいにしてしまいます。

周りに愚痴や不満を言う人は実は毒をまき散らしているのと同じです。だって聞いている方も不愉快ですから。

たとえば、いつも旦那さんの悪口しか言わない友達とはお茶も行きたくないものです。周りを嫌な気分にさせる人は不満を言う度に自分のカルマ（業《ごう》）を増やしています。そういう人は、周りも嫌がって自然と人も運も離れていきます。

幸運になりたければ人の悪口は言わないこと。

あなたの周りのいつも機嫌がいい人はネガティブな言葉を使わないはずです。とてもエネルギーが高く元気な感じではありませんか？　その人が話す言葉も思考も行為もとても気持ちが良いものです。

美しい言葉は美しい思考から作られる。だから心の浄化をしておくことが本当に大事ですね。

そもそもなぜ不満が起こるか考えてみましょう。不満というのは自分の思い通りになっていないから。問題が起こる。上手くいかない。イライラする。

では、こんなときこそこう思いましょう。私のおススメワードは、「お試し来たな」です。

人間関係の悩みも職場の悩みも家族のこともすべてあなたを成長させるためのもの。人生ですべてが何もかも上手くいったら、逆に成長できるチャンスがないままです。

日常で起こる少し面倒なこともすべてあなたに必要だから来るものばかりです。

今ある仕事にも感謝をして心を込めてやってみましょう。

すべてのことはギフトである。そう思うと腹も立ちません。

ものの見方を少し角度を変えてみてください。起こる問題にこそ感謝できるようになりますよ。

5 両親に感謝をすること

両親に感謝をすることなんて当たり前……とは頭でわかっていても実は意外と難しい課題なのではないかなと思います。

3人きょうだいの真ん中で育った私は、長男は跡取りだから大事にされるのを横目に見て妹は末っ子だから甘えているのを羨ましく思いながらも、

「あなたはおねえちゃんなんだから」

と言われて育ちました。気がつけば私は「一人でできるもん」と我が道を行く強がる子になってしまいました。

こうなると人に甘えることが苦手になり、人に頼れず、大人になればなるほど生きづらくなっていたように思います。完全にしっかり者の長女タイプです。特に私は自分の意見をはっきり言うほうだったから、父親とはウマが合いませんでした。

今思えば、ズケズケとものを言ってくる娘は可愛くないですものね。でも当時は

常に母に対して偉そうにする父のことをどうしても好きになれませんでした。気に入らないことがあると暴言を吐いたり暴力を振るい、母にも家族にも何があっても謝らない父のことをずっと許せないと思っていました。

でもある日、師匠にこう言われたのです。両手を合わせて言う挨拶のことを指して、

「ナマステ、の意味を知っているか?」

と聞かれたのです。

「こんにちは、ですよね?」

と私が言うと、

「違う」

と首を振られました。なんだろう?と私が考えていると、

「あなたに敬意を表します、という意味があるんだ」

と言い、師匠はさらにこう続けました。

「右手がお父さん、左手がお母さん。手を合わせたときにお前が生まれるだろう。だから常に手を合わせる度に両親に感謝しなくてはならない」

ガーン！　と頭をハンマーで殴られたのかと思うぐらい衝撃を受けました。一度もそんな風に考えたことがなかったからです。父親に感謝？　できるわけがない。心の中で大きく抵抗しました。

でも確かに、両親がいなければ今の私はいない。父親を否定することは自分を否定することになります。

そうか。そうだったのか。ふっと下りてきたその考えに、私はすごく救われました。実際それから意図的に関係性が良くなるように、私から父に話しかけたり電話をしたりするようになりました。そうすると不思議と仕事もうまく回りだし、周囲から応援されるようになりました。

ご両親との確執があれば簡単なことではありませんが、とても大きなカルマ（業）の解消になります。

手を合わせる度、ご両親に感謝をしましょう。

6 結果に執着しないこと

ヨガにはカルマ(業)という考え方があります。今世、生まれたときに育った環境、両親、兄弟、人間関係……いろいろ自分では選べないことがたくさんあります。でも、それはすべて自分のチョイスだとしたらどうでしょうか?

カルマというのは、実は今のすべてを取り囲む結果は過去世のカルマの結果である……と考えられているのです。

「そんなバカな!」と抵抗したい気持ちむちゃくちゃありますよね。だったらもっと良い両親のもとにとか、こんな環境で生まれていなかったらもっと幸せだったのにとか。そんな風にも思いますよね。私もそうだったのでわかります。

たとえば、うちの父は傲慢《ごうまん》で自分勝手で気に入らないことがあるとすぐに暴力を振るい幼い頃からそんな父を見る度に、「なんでこんな人がうちの父親なのか……」と運命を恨めしく思ったことがあります。

また私には離婚経験がありますが、別れた元夫は仕事で作った借金が1千万円以上あり、私がせっせと返済をしている間に外に愛人を作って毎晩帰ってこなくなりました。まさに「なんで私がこんな目に……」でした。私は自分の人生を生きると決めて元夫とは2年で離婚しました。

でも、それから数年経って出会ったヨガの師匠にこう言われました。「それはお前のカルマである」と。特に結婚に至っては自分で選んだ相手。「自分で選んだ相手なのに別れるとは何事か」と怒られたものです。なぜならインドでは結婚相手が自分で選べないのが普通です。そんななかでインドは離婚率がなんとたったの2％しかありません。選ばれた相手と一生添い遂げることがカルマだとわかっているからですね。

今世で課題や苦難が多い人というのは、過去世の自分が何か悪いこと（業）をしたために今世でカルマを解消するためと言われています。

私はこの話を聞いて以来、何か問題が起こる度に「カルマのせいね」と思えば腹も立たなくなりました。特に人間関係においてそう思います。

起こることすべてが修行。そしてカルマを解消するには「期待をしない行為」しかないと教えてもらいました。これは冷たいように聞こえるかもしれませんが、そうではなく仕事においても人においても「結果がどっちでも受け止める」ということであるということ。

そうすれば心の波が荒立たなくなりますよ。ぜひ意識してみてください。

7 やめたらまた何度でも始めたらいい

何かの習慣を身につけようと思って始めてはみたものの、結果三日坊主で続かない……なんてことありませんか。私も今までに数々の習慣や習い事をやっては中途半端に終わること数知れず。たとえば、ダイエット、ジョギング、筋トレに英会話……あなたは思い当たりますか？

継続が大事だとわかっているのになかなか続かない。そんな自分が嫌になる。そのうちにどうせ続かないんだから最初からやめておこう。そうしたら自分にがっかりせずに済むもの。こんな考えになってはいないでしょうか。だんだん言うこともやることも億劫になっていきます。

私も「できなかったら嫌だから人には言わない」なんて時期もありました。

でも、意外とそんなに人はあなたの発言を気にしていませんよ。あなたが気にしすぎなのです。もっと軽く行動しても良いのではないでしょうか。人生一度きりなのですから。

やり始めたら絶対やり遂げなければいけないんだ、とか大きく背負うのではなく軽く始めて軽くやめたっていい。やってみないと自分に合うかどうかなんて誰にもわからないのですから。

あれこれと考えて動けなくなるより最初の一歩を軽く踏み出すことって大事です。そして途中やめたとしても、また始めればいいのです。何回辞めたとしても何回だってやり直したらいいのです。

日本人の我々は真面目に育ってしまったので、1回やめてしまったら「それっきり」としまい込む人が多いように思います。でも「やり直しはダメ！」なんて誰も言っていません。

あなたの名前のこの人生は一度きり。思いっきり生きましょう。それがあなたの両親へのいちばんの恩返しです。

自分の人生を思いっきり自分らしく生ききる、それがＣＩＴＴＡマインドです。

①　自分との約束を守ること
②　自分を好きでいること
③　比べるのは過去の自分だけ
④　不平不満を言わないこと
⑤　両親に感謝をすること
⑥　結果に執着しないこと
⑦　やめたらまた何度でも始めたらいい

簡単にできそうではないかもしれませんが、この教えがきっとあなたの心を楽にするはずです。自分の身につけるにはある程度の期間が必要です。

第4章

オーラを身にまとう

Chigusa Philosophy

「外見とは心のいちばん外側である」

この言葉は、私が人前に出て講演やお話をするようになった頃、洋服選びのアドバイスを受けていたスタイリストさんがよく言っていたセリフです。つまり、内面が外見に出てしまうということ。

自分が着るものを意識し始めていたので、とても印象に残った言葉です。どんなに取り繕って高い服を着ようが、ご飯を食べるしぐさや、ちょっとした座り方、歩き方に品が出てしまうことを言っているのだと思います。

この言葉を知ってから、ご飯を食べるときのしぐさはもちろんのこと、立ち姿勢や座り姿勢など、とても意識するようになりました。

見た目が重要だからといって、ただ高い服を着ればいいってものでもない。かといって「じゃあ、安い服でも内面を磨いていればいいのでしょう？」って話でもないのです。極端な話ではなく要はバランスなのですね。実際、ユニクロやGU、ZARAのお洋服を身にまとっていてもオシャレな人はたくさんいます。

私はありがたくもヨガ業界にいたおかげで、「お洋服なんて着られればなんでもいいわ～」という時期と「講演会をするのだから見た目をブランディングしないと！」という、なんとも両極端を経験しました。30代前半の頃です。

それゆえ仕事上、スタイリストさんが提案してくださる一着10万円するブランドものお洋服から、プライベートで着る5000円以下の気軽なお洋服の両方を着る機会があったのです。

ヨガには「欲を捨てる」「欲を手放す」など、離欲の精神を教えられることもありますので、次第にブランド物の服やオシャレには興味がなくなり、無頓着になっていきました。

これは、**ヨガをやっている人あるある**なのですが、ファッションに関しては、どうしてもズボラになりがち。毎日ヨガウエアを着ることが多いので、その上からすぽっと着られるワンピースやチュニックをよく着ていました。

「ヨガの修行をしているのだから華美なネイル、ヘアカラーはもってのほか！」という厳しい先生についていたのもあって余計にそうなっていました。

「メイクだって汗をかくのにする必要ある？　ネイルも長く伸ばしたらケガをするでしょう。ありのままの姿でいなさい」

ってことです。だから極力、肌の負担になるものは何も身につけなくなり、ほとんどスッピンで出歩いていました。「服は買わなくてもいい！」と決め込んで、約１年間まったくショッピングをしないこともありました。

でも、ある日。私が手帳業を始めだして、初めて洋服を見ていただいたスタイリストさんに、

「千草さんの普段のワードローブを一式見せてください」

そう言われたので、素直に普段着ている服をお見せしました。

そしてスーツケースから取り出した私の洋服を見て彼女は一瞬絶句し、こう言われたのです。

「千草さんって……お好きなものと似合うものにギャップがありますね」

ええっ⁉

このひと言が強烈で目が覚めました。

今までは、そんなことなど思いもせずに「**好き＝似合っている**」を信じ込んでいました。好きなものが、いちばんのパワーワードなんだから「自分の好きなものがいちばんだ！」と思い込んでいたのです。

そのときに持っていたものは、ヨガ好き女子がよく着ていそうなインド系のチュニックやワンピース、雑貨系の服です。

当時は、インド系の雑貨店のお洋服をよく着ていました。コットン生地でファンシーな刺繍が施されているものが多かったです。もちろん、それはそれで可愛い服なのですが、それでは講演会やセミナーで説得力がない……ということに、言われて初めて気づかされたのでした。ふわりとしたカジュアルなワンピースより、仕立てのカチッとしたスーツのほうが何倍も見た目の説得力や信頼度があるわけです。

それから、そのときに自分の骨格に似合う服のタイプがあることを「骨格診断」で教わりました。そんなものがあるとは、つゆ知らず。私は割と肩幅が広く、鎖骨が出ているんですね。骨格診断でいうと「ストレート」のタイプです。

今まで好きなものを好きなように着ていましたが私のようなタイプは、首が詰まる丸首のものより、シャツのほうが似合うし、V字に開いているもののほうが顔がスッキリ見えることを教えてもらいました。

好きなもの＝似合うもの、ではないことがよくわかったのです。

このときに心底、外見って大事なんだと思い知ったのを覚えています。30代から何度もお洋服ジプシーになった私が行き着いたのは、お洋服とは外見に踊らされるのではなく、自分が手綱を握りながら、自分の魅力の表現力をコントロールすればいい、ということ。

たとえば、純粋さや信頼感を表すには、しわのない白いシャツを着る、とか。これだけで嘘偽りのない内面の様子を服に込めることだってできます。

清潔なものを身につけていると好感がもたらされますよね。

「着るだけで自分の内面を表せるのであれば、着ればいい」

これが私の行き着いた考えです。だって袖を通すだけなのですから。

30代の頃は自分の信念を曲げるなんて嫌だとゴネたりしていましたが、自分をより素敵に見せてくれる方法があるなら、人が教えてくれるおススメも着てみよう、って思ったのです。

大事なのは次のような感性だと思います。

「心も見た目も両方バランス良く磨く」

片方だけ磨くのではなく、心も見た目も両方が必要です。どんなに高いお洋服も自分の内面が育っていないと下品に見えてしまったりします。

素敵なお洋服に見合う自分でいる。それが大事です。

洋服の持つ力と自分のお互いの相乗効果で魅力を磨いていきましょう。

オーラを身にまとうとは？

よく芸能人や著名人などを見かけたときに、

という言い方をしますよね。街中でも飛び切り素敵な人が向こうから歩いてくるとつい見てしまう……それがオーラです。

「オーラがある」

オーラって覇気のこと。

自分が元々持っているエネルギーが大きくなると、そのエネルギーの輝きがオーラとなって、その人を大きく見せたりします。

オーラのことを「気」と置き換えてもいいかもしれません。目には見えないものですが、私たちの誰もが何となく感じているはずです。元々「元気？」っていう挨拶は気があることを指していますから。

オーラは、何年も瞑想をしている人ほど強くなると言われています。

また自分の健康状態や精神状態によっても左右されます。

魅力ある女性でいるために、いつも自分らしいオーラを身にまとっていたいですよね。そのためには、**内面を磨くことや心にいつもモヤモヤを抱えないこと。**

内側からにじみ出るオーラ。隠したくても隠し切れないほどあふれている……なんて状態を身につけるには、やはり第1章でもお話ししたような、**いらないものを心にもカラダにも身につけないこと**が大事です。

そのためにやったほうがいいことは、4つあります。

① 言いたいことを我慢しない
② ストレス解消はマメにする
③ 自分の時間を少しでも持つ
④ 軽い運動をする

美しいオーラを身にまとうのに私が意識していることです。

お洋服って何を着たらいいかわからない40代

40代が着るお洋服って迷いませんか？

30代で着ていた服がしっくりこなくなる、以前好きだったブランドもなんだか違う……そんな経験がある方も割と多いと思うのです。

洋服関係のお仕事をしていたり、元々オシャレさんだったり……オシャレには、こんな悩みは皆無かもしれません。ですが、そんなにこだわりもなく、今まで適当にお洋服を着てきた40代は本当に困るのです！

ある程度歳を重ねると、巷のファストファッションも違和感が出てくる。若い頃は、まぁ、なんでも許されるので「変じゃなければかまわない、これでいい」と妥協しまくって毎日のお洋服を選んでいたように思います。

ちなみに私も、もれなくそうだったのでご安心を。

「え、千草さんは素敵なお洋服をいつも着ていらっしゃるじゃないですか」

と言われそうですが、写真を撮るときは完全にスタイリストさん任せです。

だって、私、朝起きてすぐにヨガウエア。会社に行ってもヨガウエアを下に着こみ、普段はヨガウエアさえあればいいと考えている女ですよ‼　それでスーパーも行きますし（笑）。

ただこの歳になると、さすがに**「なんでもいい」**から**「質の良いものを着たい」**と思うようになりました。

ワンシーズンだけ流行のために買って、すぐ着なくなるお洋服を捨てることへの違和感をとても覚えるからです。環境にも良くない。それで、お気に入りのものを長く着たいと思うようになりました。30代の真ん中を過ぎたあたりから**「着心地のいい服」**を選ぶようになったと思います。

流行っているからではなく、自分が着たいから着る。

自分に似合う色や形を知る。

これが本当に大事だと思います。

もちろん、そこにたどり着くまでにたくさん失敗もしていますよ。

たとえば、気に入って買ったのに意外と着ない服もありますよね？　そんなときこそチャンスです。

なぜ着ないのか、その服と会話してみてください。

その服をもう一度着てみたり触ってみたりしてください。

「あぁ、やっぱり体形的に自分に似合わなかったのよね」とか、そんな理由が必ずありますから。「じゃあこれは、似合いそうな○○ちゃんにあげよう！」とか、「自分は着ないけどどいい品だからフリマアプリに出す」とか、その後のお洋服の行先を決め、手放す指針にもなります。何度も繰り返して、ぜひ自分の「好き」なスタイルを見つけてください。

これは万人に同じではないですから。人と同じなわけありません。流行りに惑わされるのは他人軸です。自分は「これが好き」をぜひ見つけていきましょう。

また私は同時に、自分で「これは似合わない」って思っているものも嫌がらずにトライするようにしています。オシャレだなと思う友人に服を選んでもらうのも手ですよ。

「え〜!!　絶対その色は着ない!!」

なんて抵抗するものほど、実は似合っていたりします。

黒やグレーの無難なものばかりを選ぶ癖がある人は要注意。色にはエネルギーというのがあるので、特に黒には「自分を隠したい」という気持ちがあったりします。黒は悪いエネルギーを吸い込んでしまうので、元気を出したければ、やはり明るい色を着ること。

少しチャレンジする茶目っ気も持ち合わせておきましょう。

年を重ねて余裕があるからこそ、カラフルな色を身につけながら楽しそうにお話ししているおば様を見て、こちらが元気をもらったりしますよね。

服を着こなすために大切なこと

私の場合ですが、お洋服を選ぶ基準は、次の4つです。

①カラダを締めつけない着心地の良いもの
②スタイル良く見えるもの
③軽いもの
④アイロンをかけなくていいもの

大事なのは優先順位です。
私はヨガをしていることもあって動きやすい服を重視します。
どんなに可愛くても重いコートは買いません。なぜって……肩がこるから。
重いニットもNG。可愛いけれど、ブランドの太目の毛糸で編んだ編み込みのローゲージニットもデブに見えることこのうえないので手放しました（泣）。
④は出張が多いので、丸めてポンッと入れられてしわにならない素材の服は本当に大助かりです。

人は見た目が9割と言われています。

お洋服でどんな人かある程度、見られてしまいますよね。

大人だからちゃんとしたい。品のあるものを着ていたいけど、楽なものがいい。

そんなワガママミセスの願いを叶える、私のよく着ているお気に入りのブランドも本章ではご紹介します。


お洋服に着られるんじゃなくて自分が着こなすためには、自分の内面も磨いておくこと。どんなに高いジャケットを着ていても、自分の内側が弱っているとそれが外側に出ちゃうんですね。

反対に内面が美しい人は、たとえ安価な服を着ていても上品に見えるのですから。お洋服でオーラを身にまとうためには、気品ある内面をいつも意識していたいものです。常にお気に入りのお洋服を着て自分をご機嫌にしてあげること。

また、もしその服に飽きてしまったら、潔く手放す勇気も大事です。クローゼットをなんとなくの2軍や3軍の服でパンパンにするより、お気に入りの1軍しか入っていないクローゼットのほうがテンション上がります。季節ごとにお洋服は思い切って手放していきましょう。

運気の良い女性のクローゼットは軽いほうが、素敵なご縁が舞い込んできますよ。

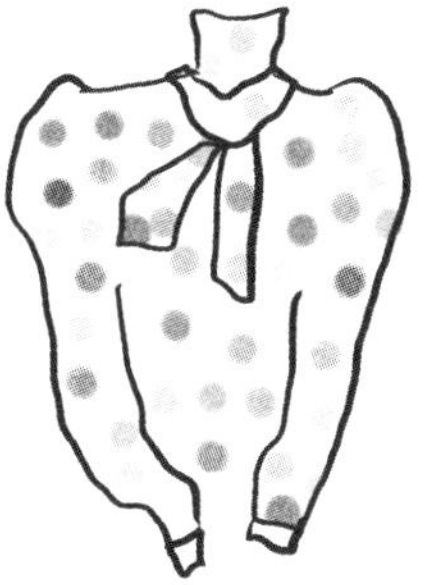

私が好きな定番のスタイルとデザイン

講演会やパーティなどに着ていくお洋服は、それなりに会の主旨や場の雰囲気に合わせたお洋服を探しますが、オフタイムやプライベートで着るものには、デザイン的なこだわりというよりも、カラダを動かしやすかったり、着心地が良かったりするものを優先して選んでいることが多いです。

たとえば、ストンとしたデザインがお気に入りの「JOHNBULL」（岡山県倉敷市児島が拠点）のオーバーオールは、大人可愛くてヘビーローテーションしています（好きすぎてデニム地は白と黒の両方持っています）。

オーバーオールやつなぎのお洋服って、一歩間違うと子どもっぽく見えてしまうものもあるじゃないですか。ところが、JOHNBULLのオーバーオールは形が良く、スタイルを良く見せてくれて、かつ動きやすいのです。よくソロキャンプするときも着ていますし、多少汚れても気にならない。まさに大人のオーバーオールなところが最高です。

よく着る白いシャツは「Frank&Eileen」（アメリカのカリフォルニア州が発祥地）。形と身丈が秀逸でお気に入りです。白も素材違いや丈違いで何着か持っていますし、カラーバリエーションも豊富で色違いも持っています。

ファッション業界でFrank&Eileenと言ったら、もう「シャツの王様」です。私もスタイリストさんに教えてもらってから買うようになったのですが、確かにサイズ感や身ごろが女性にはぴったり。大きすぎず、小さすぎず、本当にオシャレなサイズ感です。「シャツ1枚でこのお値段!?」ってひるむくらい、いいお値段ですが、一着買ったら大事に着ています。

また、なんてことない白のロンTは「Deuxieme Classe」（東京生まれのブランド）のもの。もう着すぎてくたくたになり、新しいのを2枚購入しながら使いまわしています。首の空き具合がいい感じに詰まってなくて鎖骨がちょっと見えるくらいの空き具合が良いのです。着心地も良く、着丈が少し長めなのも使いやすいです。

白のシャツもそうですが、そんなシンプルなもの、「どこのブランド物でもいいんじゃないの？」って思われがちですが、そういうシンプルなアイテムほどよく着るので、お気に入りの良い1枚を選ぶのが自分の幸福感にとてもつながっています。「シンプルで、なんでもないようなアイテムこそ質の良いものを」が大人女子の基本かなと思います。

他にも、お気に入りのブランド「Ｔｈｅｏｒｙ」（ファーストリテイリンググループ）のパンツやニットは使い勝手が良くてよく着ていますし、「ｅｂｕｒｅ」（サザビーリーグ リトルリーグカンパニーのブランド）のジャケットはキレイで形が良いので重宝しています。

私は、たくさんお洋服で失敗もしているし、1回しか着なかったものもたくさんあります。40歳を超えて、ようやく自分の「好き」と「似合う」のバランスがわかり、適当ではない「ちょうど良い服」が見つかったかなと思っています。

いちばんは自分がその服を着ているときの心地良さ、私らしさ、をこれからも大事にしていきたいですよね。

普段の日常からオーバーオール率は高いです。キャンプがマイブームだった40代前半の頃から着るようになりました。私の世代だと、アクセサリーにお金をかける人もいますが、私はヨガが生活の中心なので、着心地が良くて、とにかく楽になれる服を選びます。

いつもハレの日の服を着る

普段着はカジュアルで良いけれど、ちょっとしたお食事会や講演会に行くとき、いったい何を着ればいいの!?

これは、手帳の仕事をするようになって、人と会うことが多くなってからの最大の悩みでした。いい服を着ることはわかっていても、何が自分に似合うのか？　いったい、どこの、どんな服を買えばいいのか？

高すぎるハイブランドは嫌味だし、ファストファッションはみんなが着ているので同じなのは困る。ちょうどいいがわからない。

40代で、そんなファッション迷子にまたなりかけていたときに出会ったブランドがあります。たまたま知り合いのメイクさんが着ていたジャケットがとにかくむちゃくちゃ素敵だったのです!!　「ズキュン！」とハートを射抜かれました。

それが「**AURATiER（オーラティエ）**」です。

ビビッドで可愛い色使いとか、ジャケットのラインなども素敵！（その名もハンサムジャケット）。

出会って一目惚れしてからオーラティエのファンになり、よく着ています。

このジャケットを着ているときは、必ずと言っていいほど褒められます。

ブランドのコンセプトは、**オーラ（魅力）をティエ（纏《まと》う）こと**。

その人のなかにある輝きを、まるでファッションのようにまとうことで生まれる魅力。

それを引き出してくれるブランドです。

自分らしい服を身にまとう強さと美しさ

「**AURATiER（オーラティエ）**」のデザイナー佐藤基子さんご自身も40代ということもあって、本当に彼女のデザインは秀逸で、ミセスの味方すぎるのです。お腹周りは隠せるのに足長効果抜群のパンツや、着ているだけで気品があふれるブラウス。目線が行く印象的な大きめのベルト。どの作品も大好きです。

基子さんにはいくつかの名言がありますが、私が好きなものは次の言葉。

「**無難な服を着ていると無難な人生になる**」

ドキッとしませんか？　だから先ほどお伝えしたように、自分の固定観念で服を選んでしまうと「もったいない」と思うのです。

基子さんはピンクのブラウスにピンクのパンツなどを私に合わせてきますからね。完全に自分の想定外です！（でも、着てみたら好評でした）。似合わないと思っているのは自分だけ。そんなこともあります。

服は楽しむためのものです。

なんでもそうですが妥協はしないこと。人前に出る講演会やセミナーなどに、よくオーラティエを着ていますが、そうではない普段の日もオーラティエのスカートをはいていたり、ブラウスを着ていたりします。

肌に直接触れるものはエネルギーを受けやすいから、自分のお気に入りを着て、エネルギーを上げておくのも大事です。高い服だからとクローゼットにしまい込まないで。着ないことのほうが罪ですよ。

普段から気分の上がるものを身につけていることが、自分をご機嫌にする秘訣。

ハレの日の服も、たまには普段も着てみてくださいね。

「AURATiER」のデザイナー佐藤基子さん。2016年にブランドを立ち上げ、着実に国内でのファン層を広げながら、2023年にはマレーシアとパリでコレクションを披露し、世界進出を果たした。

私が講演会などで人前に出るときは、「AURATiER」のブラウスかジャケットを着ることが多いです。特にお気に入りは「ハンサムジャケット」。とにかく着たときのシルエット（形）がキレイですし、丈も長めなのでカッコいい美しさが演出できるのです。

「オーラって何？」をデザイナーに聞いてみた

以前、「オーラティエ」デザイナーの基子さんに、ブランド名の由来や、どんな人に着てほしいかなど、じっくりお話を聞いたことがありました。作り手の思いを知ることで、その服を着る側の気持ちも変わるものです。それは、私が「ＣＩＴＴＡ手帳」の考案者として手帳の魅力を語ることと似ています。

基子さんって、ずっと「**オーラ**」という言葉が好きだったそうです。女性の場合、肌がキレイとか、足がスラッとしているとか、全身のスタイルがいいとか。憧れるところはたくさんあります。もちろん、それも重要なのですが、「**オーラがある人**」って場の空気を一変させる力がある、と。その人が部屋に入ってきただけで空気がガラッと変わったりすることで、基子さんはオーラこそが最強だと感じるようになったと言っていました。

その人だけが持っている唯一無二のもの。それが「オーラ」だと……。

ところが、それは目に見えないから、ちょっとスピリチュアル的なイメージを持たれてしまうことが多い、とも基子さんは感じたのだとか。

「物質的な〝服〟を扱っているのに、目に見えないオーラをまとう（ティエ）なんてブランド名は、どうなの？」

実際、そのようなことを言われたこともあったとか。でも、やっぱり、

「オーラって何だろう？」

って考えたときに、それは、その人の生き方とかあり方とか、マインドとか人生観など、いろいろなものが、まるで「層」のように重なっているんじゃないのか。それがその人の雰囲気＝オーラをつくっているんじゃないのか。それが重なり合うことで、よりその人らしさを創造するのではないのか……などと感じました。

そして自分のブランド名を次のように名づけたのです。

「オーラをまとう＝オーラティィエ」

それは、基子さんの造語から生まれた名前でした。

自分が自分を認める服であること

基子さんが面白いことを言っていました。

「オーラティエの服を着たからって別にオーラが出るわけではありませんよ」

その真意がもっと聞きたくて訊ねました。では、どうしたらいいのか？

「まずは、〝自分を認めること〟でしょうか」と基子さん。

自分自身が、そのデザイン、その色を身にまとうことに対して、

「いや、私なんて……」

「その服を私が着るまでにはいっていない」

とは思わないこと。自分にオッケーを出すことが大切だと言うのです。

無理やり「私、キレイ？　そうならなきゃ」ではなくて「私、可愛い？」くらいの表現でいい。そういう遊び心のような気持ちの準備ができていると、もっと言うなら気持ちが整っていると、オーラティエの服はいい仕事をすると、基子さんはおっ

しゃっていました。

基子さんの服を着だしてから、どんどん活躍し出世する人が多い理由も、「それはね、その人が自分を認めだしたからだと思うんです。自分にOKを出せるからこそ、その人の魅力がにじみ出るようになる。素敵さが着る服によって表現されていき、見る人がその人らしい素敵さにも気づく感じでしょうか」

確かに、私もオーラティエの服を着ていると「それ、どこの服ですか?」と必ず聞かれます。千草さんらしい、と。それは「私と服」という関係ではなく、着る人の気持ちが服と手を結ぶ……そんな感覚だと思います。

「月並みな言い方ですけれど、服で楽しむって自己表現だと思うので、もっと表現することと真剣に向き合ってほしいと思います。何を着たらいいのかわからないことって、ある意味〝どう生きたらいいのかわからない〟こととつながっています」

基子さんが創造する「オーラティエ」の服。ぜひお試しください。

佐藤基子（さとう・もとこ）

AURATiERデザイナー。1974年京都府生まれ。祖母の代からオーダーメードの家系に育ち、幼い頃から生地やミシンの音とともに「服」が身近な存在で育つ。初めて就職したアパレル会社が2年で倒産したのを機に、24歳から単身フランスでの買い付けを始め、3年で15店舗の専属バイヤーとなる。その後出産を機に、パーソナルなスタイリストとして2006年に自宅サロンをオープンし、2012年には「株式会社フェールパシパラ」を設立。2016年にかねてからの夢であった自分のブランド"AURATiER"を立ち上げる。2023年には、マレーシアで開催された「Straits Gala」と、パリで開催された「HOME of Fashion Week Paris」でコレクションを披露し、世界進出を果たす。オーラを身にまとう服として、影響力のある女性経営者に向けてパワーのある服作りを手がけている。

※公式サイト　https://faire-parci-parla.com/

第5章

女性はいつだって美しい

Chigusa Philosophy

女性らしくあることが自分らしく生きること

あなたは自分が「女性らしいですか？」と聞かれたら即答でＹＥＳと答えられるでしょうか。これ、今の時代なかなか答えにくい質問だと思うのです。

１９８０年代前半頃から女性もバリバリ仕事をし、社会に出るようになりました。あの時代から四十数年……今では女性が代表の会社もたくさんあります。

以前は、私も社会で生き抜いていくため、周りに負けじと働いていましたし、「女性らしくなくても、それでいいじゃん。何が悪いの？」と思っていました。

でも、気づいたのです。男女関係が上手くいかない、いちばんの理由は、自分の女性らしさを相手に見せないからです。

「自分も稼いでいるし、相手に甘えるなんて考えられないし、自分のことぐらい自分でするわ……」

こう私も思っていました。

自立している女性って、そんな考えを持っていたりしますよね。

でも男性っていくつになっても自分に甘えてほしいのですよ。

頼ってほしいものです。

「さすがあなたね！」

「すごいわ～!!」

「あなたがいてくれてすごく助かる！」

男性だって、そう言われたいのです。

最近、この手のセリフを旦那様やパートナーに言いましたか？

言っていないなら、ぜひ意図して言ってみましょう。

言われて悪い気がする男性なんて１人もいませんから。もし、抵抗があっても頑張って言ってみてください。絶対に夫婦関係が良くなりますよ。

私はこれを3年前、世界的なメンターコーチであるアンソニー・ロビンズから教わり、心底納得しました。「もっと早く知りたかった！」と思うほどです。

今思えば、シングルマザーでバリバリ働いていた私は、気も強いし相手に合わせるという考えなど、一切持ったことがなかったのです。それが原因で誰と付き合っても長続きしませんでした。

ただ、アンソニーが行う最高峰のセミナー「**DWD**（**Date With Destiny**）」のなかで、いちばん人気の項目がまさにこれ！「男女のリレーションシップについて」だったのです。

男性性を「**マスキュリン**」と言い、女性性を「**フェミニン**」と言います。アンソニーから、夫婦やカップルの仲が悪くなる原因を教えてもらいました。当たり前ですが、男性と女性では脳の構造が違います。そもそも同じ価値観ではないということをしみじみ理解したのが、この説明でした。

◎親密性の欠如　なぜ親密性がかけてしまうのか？

男性がされたら嫌なこと

1. 批判されていると感じる
2. 閉鎖的だと感じる
3. 支配されていると感じる

女性がされたら嫌なこと

1. 気にかけられていないと感じる
2. 安心できない／信頼できない
3. 理解されないと感じる

あなたはどうでしょうか。自分に、もしくはパートナーにあてはまりませんか？
旦那様に否定的な言葉ばかりをかけていませんか？

喧嘩したら口をきかないとか、無視をしたりしていませんか？

「ああして、こうして！」と命令口調になっていませんか？

自分の中の**マスキュリン（男性性）**があまりに強いと相手は**フェミニン（女性性）**が強くなってしまうのです。


もし夫婦関係が上手くいっていなければ、男性に対しての解決策は、

①褒める。感謝をする
②オープンで明るく接する
③自由と愛を与える

女性に対しては、

①常に！　気にかける
②常に！　安心感を与える
③常に！　本当の存在感を与える

がすごく大事です。

女性は誰だって気にかけてほしいものなのです。だから美容院に行った後は、
「髪切ったの？　似合ってるね」
って言われることが、とても嬉しかったりします。

自分にはそんな要素はないと思うかもしれませんが、実際、女性は男性によって間違いなくキレイになります。

まずは自分自身が自分のために自分に手をかけてみませんか。
キレイでいることは自分の心を癒すことにつながり、自分を好きになるきっかけになります。

たまには、オシャレをしたり、丁寧にメイクをしたり、お気に入りの服を着て、ヒールをはいて出かけたりしてみてください。意外と悪いものではないですよ。
そんな自分は嫌いじゃないと気づくはずです。

女性らしいことは、自分本来の姿なのです。

男性が男性らしい発言や行動をしていると女性は「キュン!」ってなるものなのですよ。同様に女性が女性らしくあると男性は、女性に対して「素敵だな」と感じると私は思います。

だって本来そういうものですから。

時代と共にジェンダーレスになってはいますが、あなたがもし「本当の自分はどうなりたいのか?」を模索している女性であるなら、決して自分の中にある女性性を無視しないでいてくださいね。

たまには赤いリップをひいたり、スカートをはいたり、ハイヒールをはいていいのです! だって女性の特権ですよ。女性らしいオシャレには自分を癒す効果が絶大です。女性性を取り戻すことが、自分らしさを取り戻すことにつながるのです。

自分の心のいちばん外側が外見です

前章でも触れましたが、

「自分の心のいちばん外側が外見」

この言葉は秀逸だと思います。実際に心の状態が顔に出てしまうからです。

浮かない顔ばかりしていたら、下を向いてばかりなので重力で皮膚がたるんできて当たり前。また他人に対して妬みや嫉妬が強かったり、意地悪だったりすると顔がゆがんできます。**思考が顔に出てしまうのです。**

私自身が実感するような体験をしているのでよく理解できます。

私は21歳で結婚、22歳で出産をしたので、まだ周りの同級生が遊んでいるときに家庭に入ってしまい、周囲の友人を羨ましく思ったこともあります。

結婚をしても、元夫に多額の借金があったので、子どもを産んですぐにまた働いて……自分の外見にかまっている暇などありません。

出産してから3年間は自分を放置していた時期がありました。

当時は、結婚した夫ともうまくいかず、何だか毎日、心まで沈んでいました。結婚後しばらくしてから会った妹から、

「お姉ちゃん、どうしたの？　ダサくなったよ」

そう言われたときには衝撃を受けました。自分ではそんなつもりはなかったのですが、身内の言うことは本音です。事実そうだったのでしょう。

今思えばキレイになることを放棄していた気がします。

オシャレをしたり、身なりをキレイにしたりすることは、お金をかけなくてもできます。気がめいっていたことで美しくなるための気力まで失っていたのですね。

でも、女性は本来、いつだってキレイデイタイ生き物なのです。

「もう歳だから」とか「今さら何かしても……」と諦めずに、**「いくつになったって女性であることを楽しむ」**をしてみてください。

私が憧れる女性に70歳で現役のモデルをされているチェリーさんという方がいます。宝塚音楽学校を卒業後、モデルとして活躍していた彼女は、24歳で結婚を機に一度はスパッとモデル業を辞めて専業主婦になります。

2001年、兵庫県芦屋市にカフェをオープンし、今も現役でお店をしていらっしゃいます。70歳でブランドから声をかけられ、モデルとして復帰されました。

私が彼女のことを知ったのは、ふと入った本屋さんで圧倒的な魅力を放ったグレーヘアの女性が表紙になっていた本に目が釘付けになったから。

それが『**マダム・チェリーの「人生が楽しくなるおしゃれ」**』という本（講談社刊）。白いシャツが似合う凛とした美しいオーラを身にまとう女性で、見ているだけで元気がもらえました。彼女の姿勢がとってもキレイなのです。チェリーさんを見ていると年齢を重ねることが楽しみになりました。**「歳を重ねることで出てくる魅力もある」**ということです。

そのとき気づいたのが「年齢で諦めているのは自分だけなんだな」ということ。いくつからでも美しく在れるのです。

自分に対して美しく生きる

本当に心に余裕がある人は、自分のことをないがしろになんかしていません。

「アヒムサ（非暴力）」という規則がヨガにはありますが、自分に対して美しくいないということは、暴力を自分に振るうのと同じだと思います。


アヒムサの本来の意味は、「ア＝否定・ヒムサ＝暴力」で非暴力と訳されることが多いのですが、私はこれを師匠に、

「アヒムサとは自分を愛することである」

と教えてもらいました。


誰だって自分のことは大事なはずなのに、気がついたら自分を後回しにしていることが多くありませんか？

子どものことや家族のことや仕事のこと。自分以上に優先することが多いものです。でも母親が笑顔で元気であることがいちばんの家庭円満につながるものです。母親が自分をキレイにするために、美容院やネイルサロンに行って良いのですよ。自分がキレイでいることこそが、「とても自分を大切にしている感覚」を湧かせる源泉になっていると思います。

本来あなたはとても美しいのに、それを世に知らせないなんて、あなた自身に対する冒とくです。さぁ、今からでも遅くありません。

常にキレイでいること。それが自分を大切にする行儀です。

自分のために、ぜひ**「アヒムサ」**を実践してみてくださいね。

朝いちばん鏡に向かって言う魔法の言葉

朝、鏡を見ていちばん最初になんて思いますか？
私がいつも自分に向かって言う魔法の言葉は、次のひと言です。

「うん、今日も可愛い！」

「ええ？　そんなこと言えない」と思う人もいるかもしれませんが、これって大事な声かけなんですよ。

たとえば観葉植物に毎朝「おはよう！　今日も可愛いね」と声をかけられたグリーンと、何も話しかけられないグリーンでは育ちがまったく変わることをご存じでしょうか。毎日、話しかけられたグリーンは葉っぱが青々と元気になり、無視をされていたグリーンは枯れやすくなるのです。

不思議ですが、理由は、植物も波動やエネルギーを感じ取るからだと思います。

それは私たちも同じです。毎日、自分の肌に話しかける。丁寧に扱う。丁寧に触る。それだけでも肌はまったく変わってきます。

自分で自分のことを可愛いと思えないのに、他人に思ってもらおうなんて厚かましい話です。私は、たとえ勘違いでもポジティブな勘違いならしてもいいと思っています。思い込みだって独りよがりだって、365日言っていたら、必ずその通りになるのですから。

今の自分が可愛くないと思っているとしたら、それは誰と比べていますか？「今より○キロ痩せたら……」とか「もう少し目が大きかったら……」とか何かを変化したら自分を好きになれるという条件を付けて好きになるのではなく、ただ今の自分を好きになってください。

誰とも比べなくても自分のなかに可愛いやキレイをあなたもすでに持っているのです。それは気づいていないだけです。

女性はみんな可愛いのです。

ズボラでもできる肌のお手入れ

ありがたくも私の友人には、いわゆる「美容家」と言われるコスメのプロが何人かいます。手っ取り早く可愛くなるために、ついついメイクに力を入れがちですが、実は「美人」だと思う条件に「美肌」になることのほうが威力は高いと言われているのですよ。

キレイな肌になるためには、何といっても「**保湿**」。
肌に十分な水分があるかないかで、だいぶ見た目が変わってきます。私自身も、自分に手をかけられるようになったのは本当にここ最近ですが、美容に命を懸ける友人たちの素晴らしい商品のおかげで、だいぶ「美しさ」をキープできています。

可愛いは作れます。いくつになっても。

40代の本音は「**美しさはキープしたいけど面倒なことは嫌**」じゃないでしょうか。めっちゃわかります。私がそうでしたから。

手入れの仕方を習っても、実行するとなるとなかなか続かない。そんな我々の声を代表した洗顔料、『**琉球モイスチャー洗顔パック**』を私は愛用しています。

これ1本で次のことができるから優れものです。1本で3役です。

・洗顔
・クレンジング
・パック

成分に水は一切使用せず、宮古島のオーガニックのアロエを使った洗顔料なのでそれも安心。お顔に塗って1分もしないうちに発泡してくるので、泡洗浄が顔をこすらずできる。5分経ったら流すだけです。

まれに使い始めはお顔がピリピリする人もいますが、乾燥しているだけなので、そのうちピリピリしなくなります。摩擦で肌を傷めないから安心ですよ。

この洗顔パックを作ったエピソードを聞くと、美肌セミナーを開催していたときにお客様から、

「ねぇ、手入れの仕方はわかったのだけれどさ、面倒なのよね。もっと楽な方法ないの？」

そう言われたのがきっかけだったのだとか。まさに、この本を読んでいる我々みたいじゃないですか？（笑）。

そこから代表の社長自らが試作を重ねて出来上がったものなのです。

彼女自身、自社製品を使って美肌を実証されていて、いつもノーファンデで過ごされています。それが「**LVS株式会社**」**代表の當山さなさん**。お肌もキレイだし、ほんとに美人な女性です。

洗顔してパックもできる、まさにズボラさんにぴったりの商品。

もし宜しければ使ってみてください。
※LVS株式会社　https://www.lafill8561511.com/

あとは、私が使っているお気に入りの基礎化粧品は、もう間違いなくこちら。**美容家の福井美余さん**が開発された「**Ｐｏａｉ（ポーアイ）**」という商品です。

私は、とにかくシンプルなものが好きです。彼女のブランドはまず「こんなものがあったらいいな」というお客様のお声からできたものばかりなのが特徴。

もちろん大手メーカーの商品も素敵ですが、化粧品業界に長くいた彼女から「**化粧品のほとんどは広告費**」と聞いてからは、ブランドにとらわれず、本当に良いものを選ぶようになりました。

「**Ｐｏａｉ**」の化粧水には米ぬかが使用されていて保湿力は抜群。水にもこだわっていて「出雲の温泉水」が使われています。肌に吸収されやすいようにミスト化粧水になっていて、私は毎朝「シュシュシュシュ」と4プッシュ。これを1日に4回、繰り返しています。

「え？　4回⁉」

と驚かないでくださいね。逆に、この化粧水しか使っていないのですから。この化粧水と美容化粧水をセットで使っています。

高い美容クリームとかエステなんかに行く前に、まずはこれ。しっかり保湿をするようになってからは一切、肌のトラブルがありません。

肌トラブルがある人ほど、「Ｐｏａｉ」の商品はおススメです。ひいき目なしで本当に良い商品なのです。

あとファンデーションは「Ｐｏａｉ」のＵＶカバーベース一択です。

下地なのにファンデーション。美容液の役割も果たす優れものです。なんとダイヤモンドパウダーも入っているのです。どんな人の肌にも合うオレンジ系の色もお気に入り。

肌への優しさを大切にするために、肌の刺激になりやすいと言われているパラベン、鉱物油、紫外線吸収剤、タール系色素、合成香料、アルコール、石油系界面活性剤は使っていない商品です。

シンプルで肌に負担がないもの。商品パッケージもＳＤＧｓを意識してとても簡素にされているもの好きな点です。塗っているだけで美肌になれる。本当に毎日なくてはならないほど愛用しています。

※「Ｐｏａｉ」公式オンラインショップ　https://www.excess-beauty.shop/

自分がいちばんの自分のファンでいること

「自分がいつもキレイでいる方法とは？」

もしも、そのような質問をされたら、私は迷わずこう答えます。

「たった1人でいいから自分のファンを見つけることです」

それも「あなたのことが大好き！」「めっちゃ可愛い！」と無条件に全力で言ってくれる人なら嬉しいですね。

「そんな人いるわけない……」

私も以前は、そう思っていました。あなたは、いかがですか？

私が、この世でたった独りぼっちだと人生に絶望していたのが10歳の頃。なんと小学5年生のときです。

私は小学校でいじめられっ子でした。父親に似た色黒でぽっちゃりだったので、見た目でイジられやすかったのですね。

「やーい、デブ！」

「ブス‼」

心ない言葉を何度投げられたかわかりません。そのうち下を向いて登校するようになり、いじめが辛すぎて登校拒否したこともあります。

言われすぎると何だか自分でも「本当にそうなのかも……」と思い込み、「自分はブスなんだ」と嘆いていました。

でも気づいたのです。**この世界は自分が変わらなきゃ変わらない**って。

いつまで私は下を向いて生きるんだろうって。

そう思えたときから人のことを羨ましがる人生などやめようと決めたのです。

ある日、思い立って、周囲の視線の隠れ蓑《みの》にしていた長い前髪をバツッと自分で切り、教室のドアを思い切り開けて、

「おはよううっ‼」

って言ったことがあります。クラスメイトはびっくりしていましたが、何人かが、

「お、おはよう」

と返してくれました。

あの日から自分が変われば世界が変わると本当に実感しているのです。

自分が自分のことを好きになろうと決めた瞬間です。

そこから徐々に話しかけてくれる友達ができました。

周りに言われなくても**自分が自分のことをいちばん好きでいればいいのです**。自分自身が、自分のいちばんのファンになりましょう。
いちばん自分に興味があるのは自分なはずです。
いつも自分に興味を持って、メイクも自分に似合う色を自分のために探しに行くのも良いですし、似合う服を見つけるために探求してもいいのです。
何よりも**「自分のことが好き!」**という自信がオーラになって、あなたの身に表れるでしょう。

いつも笑顔でいて、美しい言葉を使いましょう。
また人の悪口は言わないこと。言う度、ブスになりますから。
本当のあなたの美しさは内側からあふれ出てきますよ。

美人は生き方に表れる。

これが真理だと思います。

対談

美容家
福井美余さん
×
青木千草

40歳からの大切なポイントは「受け入れる」ことで生まれる美学を持つこと

千草　今、2人でパリにいます。もう何日目でしたっけ？

美余さん　すでに10日も一緒にいますね。

千草　10日も！　連日いろいろな話に花が咲いて（笑）。今日、イスタンブール経由で日本に帰国します。23時間かけてね。

美余さん　私はあまり飛行機が得意じゃないので、千草さんについてきていただいちゃった。ありがとうございます。

千草　実は2人とも同い年なんですよね。見てきた時代も風景も大体一緒だから話が合います。美余さんが作ってきた化粧品が私の肌に合うこともあって、頼まれてもいないのに、まるで宣伝部長みたいにいろいろなところで話しています。

私、すごく愛用していて、メイクが上手くない人の救世主だと思っています。なので、女性の美について語ろうと思ったら、これは「福井美余」しかいない、と！

美余さん　そのように言っていただいて嬉しいです。

千草　私がやっているオンラインサロン「ＣＩＴＴＡｅｒｓ」のなかでも〝美意識〟といえば間違いなく名前が上がってきます。「**美容家・福井美余さん**」って。

美余さん　元々、私はコスメが大好きで、10代前半からメイクに興味がありました。ファッション雑誌や美容雑誌を読みあさっていましたし、最新のコスメが出たときには、デパートの売り場に駆けつけて。

千草　人気のコスメを買うときって、たとえば口紅1つでも整理券が必要なときってありますね。きらびやかなコスメ売り場に人が殺到するでしょう。独身のOLさんなら、まだ並べるチャンスもあるけれど、20代後半から30代くらいで結婚して、子どもが2人……それも2歳とか3歳児を連れていたりすると、なかなかデパートには行けない。

美余さん　確かに、そうですよね。身にまとうお洋服も、とりあえず楽で自由に着られるデザインや、機能性が重要になったり。だんだん日常に普通さが求められて、きらびやかさも少なくなったりする傾向がありますね。

千草　わかる、わかる。時間をかけて何かをすることも減ってくるし。30代の美意識と40代の美意識では、私はまったく違うと思うの。「女性はいつからでもキレイになれる」とは言われるものの、やっぱり年代ごとに対策と傾向は違ってきます。

美余さんは**40歳過ぎてからの美意識**は、どうされているんですか?

美余さん　「美」に対する考え方ですね。私は、40歳からの美しさのポイントは**「受け入れること」**だと思っています。

たとえば、40歳も半ばあたりを過ぎてくると、いろいろなところに「老化」が現れてくるでしょ。腰や肩が痛いとか、記憶力も著しく低下します。夜寝ても眠りが浅くて目が覚めてしまうとかも。

30代なら、そのような現象に抵抗すると思うのです。私もそうであったように。運動してみたり、食べ物に気を配ったり。それは大切なことなんですが、年齢を重ねると同時に、理想の状態には戻れない。

千草　めっちゃわかります！

美余さん　なので私は、そのような変化を諦めるのではなくて、受け入れることで**「美しさ＝美意識」**だって変わってくるんじゃないかと感じています。年齢を重ねていくこととは、すなわち受け入れることだ、と。自分の年齢に対して抵抗や諦めではなく、「この状態でやっていくには、どんな方法があるのかな？」と、「自分がポジティブにやっていけるには、どんな方法があるのかな？」みたいに。

受け入れた瞬間から今の状態で１００％頑張れる方法が思い浮かんでくるのではないかな、と思うのです。

運命を受け入れた瞬間に楽しみ方が湧いてくる

千草　美余さんご自身も「ちょっと待って！　こんなはずじゃなかった」ってあるんですか？

美余さん　あります、あります。肌のたるみがこんなはずじゃなかったって。もう多発ですよ（笑）。でもね、**自分の運命を受け入れた瞬間に楽しみ方が湧いてくる**んですよね。アイデアがね。人と比べるのではなく、自分の内側から〝今の自分〟がどうすれば楽しめるのかを教えてくれる。

千草　「こういう年の取り方は素敵だなぁ」と思うようなロールモデルはいらっしゃるんですか？

美余さん　はい。株式会社コーセー初の女性取締役になられた**小林照子先生**。美容学校の創業者でもあられる照子先生からは、いつも刺激をいただいています。89歳になられた今でも、絵の勉強をしに単身NYまで行かれるくらいですから。

千草　ものすごいバイタリティですよね。私も大好きです。あのような80代になれたらと憧れます。美余ママも素敵な年の取り方をされている！

美余さん　私の母親ね（笑）。まるで千草さんみたいにぶっ飛んでいるお母さんです。この前もスクショを送ってきて。何かと思ったら、ある有名な美容代理店さんで活躍する100歳で現役の女性の写真なんですね。現役で商品を売って、現役でエステもして。『私、美余ちゃんもこんな風になるんやね』とメッセージが添えられていました。ちょっと、ちょっと。100歳まで働けってこと？（笑）

うちのお母さんには名言がありまして。

『死んだらいくらでも休憩できるんやから、生きているうちは頑張らな』

そういう先輩方の情報からも勇気と元気をいただいています。

千草　何に価値を置くのかって、人生にとってはすごく大事なこと。人と比べるのではなく、その優先順位すら自分で決められると思うの。そんな順位に合わせて生活さえも組み立てられればいいです。

本当は、美容とかエステに行きたいのに、「いやいや私には子どもがいるから」

とか「お金もないから」とか。本当はそうしたいのに無理やり我慢しているときがいちばんしんどいときじゃないのかな。私も体験したことがあるから理解できる。

私の手帳ユーザーさんにも、自分のやりたいことを家族よりも優先したら「ダメッ」って思い込んでいた人がいました。「みんなが幸せでありますように」というセリフってあるじゃない？　その言葉に共感する人は多いけど、私は「ちょっと違うな」と。私は美しくいたいって。みんなが幸せなら私だって幸せであることが大切だ、と。

お母さんが幸せそうで、美しくて明るいと、家族みんなもハッピーになるんじゃないかと気づいたのね。

美余さん　うん、うん。女性がメイクやファッションでキレイになると、家族だけでなく周りまで幸せになるってあります！

千草　そうでしょう。私や美余さんの共通の知り合いの経営者さんも、同じことを言っていたでしょ？

「女性は、ちゃんと経済を握ったほうがいい」

結局は、旦那さんに100%家の経済を任せるから、ちょっと不穏な空気になって、仮に離婚したくなっても、1人では生きていけなくなる。旦那さんに食べさせていただいている負い目から、何年も何年も我慢することになるんですよね。

美余さん　私がいつも言うのは、その職業でお金をもらっても、もらわなくても、本当にやりたいと思うことは何？　ってこと。私もそうだった。お金を払ってでもやってみたいメイク。とにかくできるようになるために覚えたい。

千草　私もそうでした。やりたいから覚える。覚えたら教えることで自分も成長していく。やりたかった手帳を広げたのも、1人でも可能性が広がったらいいなぁと思って。ひとつずつ積み重ねていくように、結局は、一生懸命やっている人は美しいですよね。

美余さん　美しいですね。本当に一生懸命な人の顔や姿って美しいですし、それを極めていくときの姿は輝いています。成し遂げていくことが自信も生んでいくのでしょうね。その経験は、必ず表情にも出ますし、動きにも出ます。そして、それはその人の生き方にも反映されていくものだと思います。

すべての行動にも生き方にも表れてきますよね。「やりたいな」と思って自分に自信が持てるような生き方を選択していくことの美しさは、外側よりも内側を磨くことで育っていくと思います。

千草　あり方ですよね。本物のスキンケアを開発した美余さん。その生き方やあり方が、みんなの喜ぶさまざまなコスメを生み出すことにつながっていますよね。

私、Ｐｏａｉの化粧水だけで、このパリでも乾燥なく過ごせました。化粧の下地も、うっかり疲れすぎてファンデーションを塗ったまま寝ても、次の日にパキパキになっていないのですから。ＵＶカバーベースは、一晩それで寝てしまってもツルツルでいられるという素晴らしい技術だし。

これからも、どんどん女性が美しくあれる商品を開発してください。ありがとうございました。

美余さん　こちらこそ、ありがとうございました。

福井美余（ふくい・みよ）

美容家。大手メイクスクールでメイク講師として活躍後に独立。美容専門学校で、美容部員、美容師、エステティシャンなど美のプロの育成に携わる傍ら、全国で一般女性向けのメイク講座を開催。半年先まで予約の取れない人気メイク講座として話題になる。10代から80代まで、多くの受講生との出会いから、日本女性の顔を徹底研究し、女性の美と魅力を引き出す独自のメイク法を確立。メイクを通して女性を輝かせたい！　との強い思いから、日本パーソナルメイク協会を設立。メイク講座の普及とメイク講師の養成に力を注いでいる。TVやラジオ出演、美容記事監修などの他、日本を拠点にシンガポールやオーストラリア、タイ、アメリカなど海外でも講演やセミナーを開催し、美容家として活動中。メイク講師としての豊富な経験をもとに地球と肌に優しいコスメ「ExcessBeauty」のプロデュースも行う。

あとがき

『ＣＩＴＴＡ　ＬＩＦＥ』を最後まで読んでいただきありがとうございました。

実はこの本は、企画をしてくださった編集さんに、

「千草さん、次はライフスタイルの本を書きませんか？」

と言われたのがきっかけです。

正直、お話をもらったときは驚きました。

「私がライフスタイルの本⁉︎　興味を持ってくださる方がいるだろうか…」

とイメージができなくて最初、ずいぶん戸惑いました。なぜなら「ＣＩＴＴＡ手帳の青木千草さん」と認識している人のほとんどが私のことは「手帳の人」だし、ヨガスタジオを長く経営していることを知っている人にとっては「ヨガの人」だからです。

普段からライフスタイルを売りにしてエッセイを書いているわけではないので、皆様にお伝えできるようなことはあるのかと考えたのです。

でも考えたら、40代になってずいぶん若い頃とものの見方が変わり、大切にしていることや経験して変えてきたことは20代、30代の頃より増えたような気がします。「千草さんだから話を聞きたい読者がきっといます！　40代のロールモデルになる本になります!!」

そう編集の鈴木七沖さんに背中を押され、私の経験が誰かのお役に立てるなら、と今まで書いたことのないライフスタイルの本を書くことにしました。

私の生活はヨガに影響された部分が本当に多く、万人受けはしないだろうと思っていました。でも、結局1周回って運気を上げるためにおススメの行動は、私が20代の頃からしていた早起きや朝いちばんの運動、余計なものは身につけないこと、軽やかに生きるすべてがヨガから学んだことばかりです。

人間関係や着るもの、食べるもの、空間に対しての意識が年を重ねるほど上がってきたように思います。

若い頃は、こだわりもあるし、プライドもあるし、「私はこうなのよ！」と譲れない部分、許せない部分って多くなると思うのですよね。それはそれでいい。人生には、とがっている時期も必要です。

何回も頭をぶつけて、だんだん思考も性格も体形も丸くなってくる。

私も40代になって「何を着たらいいのか」「何を食べたらいいのか」ようやく落ち着いてきたところです。

「妥協」ではなくて「ちょうどいい塩梅」みたいな感じです。年を取ることは悪いことではありません。人生に深みや魅力が増すということ。バリバリ鬼のように働いていた時期から自分のことに手間をかけていく時期になっていいのではと思います。

40代後半になれば、子育ても仕事もひと山越えた方が多いはず。今まで後回しにしてきたことをやっていい時期だと思います。

それはリビングの模様替えでもいいし、キッチンのリフォームでもいいし、ご飯をゆっくり作ることでもいいし、旅に出ることでもいいし、素敵なお洋服を着ることでもいい。
家族との時間を見直して大事に時間を過ごすことも大事です。

この『CITTA LIFE』は本当に私の個人的な「暮らしの仕方」の提案です。
どこかひとつでも皆様の心に引っかかれば幸いです。
最後にCITTAには「心」という意味があります。この本によって、あなたの心が整う暮らしになりますように。

最後まで読んでいただき、ありがとうございました。この本を制作するにあたり取材に協力してくれた桃草舎のモモ先生、オーラティエデザイナーの基子さん、美容家の福井美余さん、編集の鈴木七沖さん、心より感謝申し上げます。

青木千草

Live your own life.
自分の人生を生きる

〈著者紹介〉
青木千草（あおき・ちぐさ）
CITTA 手帳考案者 / ヨガスタジオ CITTA 代表。株式会社 CITTA 代表取締役。高校1年生から時間軸のあるバーチカル手帳を愛用。当時から文房具屋にあるすべての手帳を吟味して選ぶ、筋金入りの手帳マニア。短大卒業後は、フィットネスインストラクターとして働き、2004年よりヨガを学び指導者として活動を始める。当時シングルマザーで常に時間に追われ、仕事ばかりしていたある日、手帳の空白ページを見て、ふと心が不安定になっていた時期に気づく。ヨガの指導者でありながら、「心の安定＝ヨガ」という哲学を実生活に活かせていないことに猛省する。ヨガ哲学にある「自分を愛する」を軸に手帳を使ってみると、劇的に早いスピードでやりたい事が叶うように。自らの体験を踏まえた「CITTA 式未来を予約する手帳講座」をスタートすると日本全国から講演依頼が殺到。2013年にオリジナル手帳の「CITTA DIARY」を自費で製作する。SNS 等で「使いやすい手帳」と評判になり年々発行数を伸ばす。2023年度は累計37万部を超える人気手帳となる。

CITTA LIFE

発行日	2024年6月25日　第1刷発行
著者	青木千草
発行者	清田名人
発行所	株式会社内外出版社 〒110-8578 東京都台東区東上野2-1-11 電話 03-5830-0368（企画販売局） 電話 03-5830-0237（編集部） https://www.naigai-p.co.jp
デザイン	武田恵以子／石田梢（いろりデザイン室）
イラスト	中村加菜子
本文DTP	中富竜人
校正	ぷれす
編集	鈴木七沖（なないち）
印刷・製本	中央精版印刷株式会社

ISBN 978-4-86257-699-6 C0030